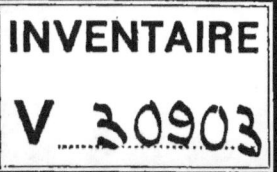

30903

ASSOCIATION DES ARTISTES.

CINQUIÈME EXPOSITION ANNUELLE.

1852.

ASSOCIATION DES ARTISTES.

EXPLICATION

DES

OUVRAGES DE PEINTURE,

DE PEINTURE, DESSINS ET SCULPTURE

EXPOSÉS AUX GALERIES BONNE-NOUVELLE.

Au Profit

de la

CAISSE DE SECOURS ET PENSIONS DE L'ASSOCIATION

CINQUIÈME EXPOSITION.

3e ÉDITION.

PRIX : 50 c.

PARIS.

IMPRIMERIE DE JULES-JUTEAU ET Cᵉ, RUE SAINT-DENIS, 341.

AVIS.

Les œuvres des maîtres des anciennes écoles ont été cataloguées, quant aux noms d'auteurs, d'après les indications des propriétaires.

Toutes les fois que les tableaux sont signés ou datés, on a pris soin de l'indiquer.

Un registre tenu par le conservateur des galeries de l'Association, contient l'indication des prix des œuvres des artistes vivants qui figurent à cette exposition.

Ce registre pourra être consulté par les personnes qui désireraient faire l'acquisition de quelques-uns de ces ouvrages.

Toutes les œuvres des Artistes sociétaires, choisies par le comité, sont exposées gratuitement; mais en cas de vente il sera prélevé un droit de cinq pour cent au bénéfice de la Caisse de Secours et Pensions.

La collection Barroilhet occupe la galerie Bouton.

Les tableaux appartenant à d'autres propriétaires occupent la galerie Taylor et la galerie de Luynes (les quatre premières travées).

Les dessins occupent les six dernières travées de la galerie de Luynes.

EXPOSITION
DE
L'ASSOCIATION DES ARTISTES.

Peinture.

COLLECTION P. BARROILHET.

ÉCOLE SIENNOISE.

BECCAFUMI (Domenico Mecherino, dit),

Peintre, sculpteur et graveur, né près de Sienne, en 1484, mort selon Vasari, en 1549; selon le P. Della Valle, il vivait encore en 1554; élève de Puero Campana; imita Pérugin et Michel-Ange.

1. — La Vierge et l'Enfant Jésus,   b. ovale.

ÉCOLE VÉNITIENNE.

BONIFAZIO,

Né à Venise vers 1500, mort en 1562; élève de Palme-le-Vieux, selon Ridolfi, de Titien, selon Boschini.

2. — Coriolan aux portes de Rome.

CANALETTO (Antonio Canal, dit),

Peintre et graveur; élève de Bernardo Canal, son père; peintre de décors.

3. — Vue de Venise, prise devant l'église de la Madonna della salute, et la Douane.

SÉBASTIANO DEL PIOMBO (Fra Bastiano Luciano, dit)

Né à Venise en 1485, mort à Rome en 1547; élève de Gio. Bellini et du Giorgion : scelleur de la Chancellerie papale; aidé souvent des conseils de Michel-Ange.

4. — Tête de soldat.   b. ovale.

TIEPOLO (Giovanni Battista),

Peintre et graveur, né à Venise en 1697, mort à Madrid en 1770; élève de Grégor. Lazarini.

5. L'Assomption de la Vierge.
(Le Louvre n'a rien de cet artiste).

TINTORETTO (Jacopo Robusti, dit : IL);

Né à Venise en 1512, mort en 1594 ; élève de Titien; étudia Michel-Ange.

6. Louis Mocenigo, doge de Venise.
7. Le Concert des Dieux.   b.
8. L'Ivresse de Noé.
9. Tête du Sauveur.

Paul VERONÈSE (Paolo Caliari, appelé)

Né à Veroné en 1528, mort le 19 avril 1588; élève de son père, Gabriel Caliari, sculpteur, et de son oncle, Antonio Badile, peintre.

10. — Ecce homo.   b.

ÉCOLE FLORENTINE.

BRONZINO (Angiolo),

Peintre, graveur et poète, né à Florence vers 1502 ; vivait encore en 1567; élève de Giacomo Pontormo; étudia Michel-Ange.

9. — Portrait d'une Dame romaine très parée.   b.
(Ancienne collection du cardinal Fesch ; n° 914 du catalogue de 1841; n° 583 du catalogue de 1845).

GIOTTO DI BONDONNE DI VESPIGNANO,

Peintre, sculpteur, architecte, né à la villa di Vespignano, près de Florence, en 1276, mort en 1336; élève de Cimabue.

PEINTURE. 7.

12. — Deux Anges posant une couronne sur le front de la Vierge à l'Étoile (Madonna del Carmine). A gauche, saint Jean et sainte Catherine de Sienne; à droite, saint Antoine et une sainte portant un livre et une petite tour. b.

Toutes les têtes sont nimbées, fonds dorés, cadre en forme de niche, peint en bleu, avec ornements dorés et peints appropriés au style du tableau.

ÉCOLE NAPOLITAINE.

CARO (Balthasar di),

Florissait à Naples vers 1740, peintre de fleurs, de gibier et de chasse; élève d'André Belvedère.

Le Louvre n'a aucun tableau de Caro.

13. — Gibier et Oiseaux. Un faucon déchire les entrailles d'un lièvre.
14. — Nature morte. Oiseaux.

FALCONE (Aniello),

Surnommé l'ORACOLO DELLE BATTAGLIE,

Peintre et graveur, né à Naples en 1600, mort en 1680; élève de Ribera; ami, selon quelques auteurs, maître de Rosa, capitaine de la Compagnie de la Mort, dans la révolte de Masaniello.

15. — Combat de cavalerie, c. rond.
16. — Bataille. Une Troupe de cavaliers emporte de vive force le passage d'un fleuve, c. rond.

Michel-Angiolo CERQUOZZI,

DELLE BATTAGLIE, ou DELLE BAMBOCCIATE,

Né à Rome en 1602, mort en 1660.

17. — Un Pifferaro joue de la musette devant un jeune gueux qui danse sur le devant; à droite, un vieillard assis, etc. c.

RECCO (José),

Né en 1634, mort en 1695; élève de Porpora.
Le Louvre n'a aucun tableau de Recco.

18. — Table recouverte d'un riche tapis, sur lequel reposent des instruments de musique, un vase, etc.; un singe essaie de tirer quelques sons d'un flageolet. Signé dans les arabesques du tapis : G.-B. Recco.

19. — Table recouverte d'un riche tapis sur lequel sont confondus un livre, un coussin, des masques, un encrier, etc. Signé au milieu de l'encrier : Recco.

SALVATORE ROSA,

Peintre, graveur, poète, musicien, né à l'Arenella, village près de Naples, le 20 juin 1615, mort à Rome le 15 mars 1673; élève de Francesco Francanziani, d'Aniello Falcone, et de l'Espagnolet ; étudia Lanfranc.

20. — Tempête.

21. — Madeleine pénitente. Signé et daté, mais peu distinctement. c.

ÉCOLE BOLONAISE.

CARRACCI (Annibale),

Peintre et graveur, né à Bologne en 1560, mort à Rome en 1609 ; élève de L. Carracci, son cousin, et frère cadet d'Ag. Carracci.

22. — Une Déposition. b.

DOMINICHINO (Domenico Lampieri dit IL),

Né à Bologne le 21 octobre 1581, mort à Naples le 15 avril 1641 ; élève de Denis Calvart et des Carrache.

23. — Saint François d'Assise enlevé par les Anges, cadre à plusieurs pans. c.

ÉCOLE ROMAINE.

CARAVAGE (MICHEL-ANGIOLO AMERIGHI OU MORIGI, DIT LE)
Peintre et graveur, né à Caravagio, près Milan, en 1569, mort en 1609 à Porto Ercole; étudia Giorgion.

24. — Jésus à la colonne.

GUIDE (GUIDO-RENI DIT LE),
Peintre et graveur, né à Calvenzano, près Bologne, en 1575, mort en 1642; élève de Denis Calvart, puis des Carrache, particulièrement de Louis.

25. — Christ en croix.
26. — Saint François d'Assise. b.

GAROFOLO (BENVENUTO TISIO DA).
Né à Garofolo dans le Ferrarais en 1481, mort le 6 Septembre 1559; élève de Domenico Panneti, Nicolò Soriani, Boccacio Boccacino, Gio Baldini, Lorenzo Costa et Raphaël, travailla avec les Dossi.

27. — La Vierge et l'enfant Jésus, des Anges leur offrent des fleurs, à droite sainte Philomène, à gauche sainte Catherine de Sienne. b.

ÉCOLE ESPAGNOLE.

GOYA (DON FRANCISCO GOYA Y LUCIENTES, appelé),
Peintre et graveur, né à Fuendetodos (royaume d'Aragon) en 1746, mort à Bordeaux en 1828; élève de José Luzan 1780. Peintre de Charles III, puis de Charles IV.

28. — Portrait de Goya par lui-même.
29. — Portrait de la Goycochea. Signé dans l'entablement du guéridon sur lequel la Goycochea s'appuie : F^{co} GOYA, ANNO, 1790.

30. — L'Abolition de l'ordre des Jésuites. — Sujet historique traité allégoriquement.

31. — Même Sujet.

MURILLO (Bartolomé Esteban),

Né à Séville, où il fut baptisé le 1er janvier 1618; élève de Juan del Castillo et de Velazquez, mort à Séville, le 3 avril 1682. 1660, président de l'académie de peinture à Séville.

32. — Baptême du Christ.
33. — L'Embarquement de Noé.
34. — Le Débarquement de Noé.

RIBERA (Josef de), surnommé l'Espagnolet,

Peintre et graveur, né le 12 janvier 1588, à Xativa, près de Valence, mort à Naples en 1659; élève de Francisco Ribalta et du Caravage, peintre du vice-roi de Naples. 1630, membre de l'académie de Saint-Luc, à Rome. 1644. Chevalier de l'ordre du christ par le pape.

35. — Saint Sébastien secouru par Irène.
36. — Saint Onuphre.

VELAZQUEZ DE SILVA (Don Diego),

Né à Séville en 1599, mort à Madrid le 7 août 1660; élève de Francisco Herrera et de Francisco Pacheco, dont il épousa la fille; imita les ouvrages de Luis Tristan; peintre de Philippe IV, huissier de sa chambre, et fourrier du palais; membre de l'académie de peinture à Rome. 1650. Annobli par Philippe IV, 1658. Chevalier de Saint-Jacques.

37. — Herminie chez les Bergers. Sujet tiré de la Jérusalem délivrée.
38. — Un grand Amiral.
39. — Un grand d'Espagne. Cadre en chêne plein, sculpté et évidé à jour.
40. — Portrait d'une Infante. b.

41. — Duel de Soldats.
42. — Antigone. — Esquisse.

ÉCOLE FLAMANDE ET ÉCOLE HOLLANDAISE

BERGHEM (Nicolas ou Claes),

Peintre et graveur, né à Harlem, 1624, mort le 18 février 1683, dans la même ville ; élève de Pierre Van Haerlem, son père, de Jean Van Goyen, de Nic. Moyaert, de Pierre Grebber, de Jean Wils et de Jean-Baptiste Weenix.

43. — Paysage.

DUBOIS (Corneille),

Peintre de paysages, florissait en 1647 ; imitateur de Jacques Ruysdaël.

44. — Paysage.   Signé : Dubois, 1642.   b.

Le Louvre n'a aucun tableau de Dubois.

DYCK (Antoine Van),

Né à Anvers le 22 mars 1593, mort à Londres en 1641 ; élève de Henri Van Dalen et de Rubens.

45. — Portrait de Dame.   b.

HUYSMANS (Cornille),

Surnommé HUYSMANS DE MALINES,

Né à Anvers en 1648, mort à Malines le 1er juin 1727 ; élève de Gaspard de Witt et de Jacques Van Artois.

46. — Paysage.   b.
47. — Petit Paysage.   b.

JORDAENS (Jacques),

Peintre et graveur, né à Anvers le 19 mai 1594, mort dans la même ville le 18 octobre 1678 ; élève d'Adam Van Oort et de Rubens.

48. — Les Vendangeurs.

MAITRE INCONNU.

49. — Portrait d'Homme.

MAITRE INCONNU.

50. — Poissons.

MAITRE INCONNU.

51. — Oiseaux morts. b.

MARCELLIS (Otho), surnommé à Rome le Furet,
Né en 1613, mort à Amsterdam en 1673.

52. — Papillons, Serpents et Lézards. Signé à droite, en bas, mais assez peu distinctement. b.
(Le Louvre n'a aucun tableau d'Otho Marcellis).

MIEL ou MIELE (Jean), surnommé BICKER,
Né près d'Anvers en 1599, mort en 1646 à Turin ; élève de Gerard Seghers et d'André Sacchi.

53. — Halte près de ruines.

REMBRANDT (Paul Van Rhyn, dit),
Né entre Leyerdorp et Koukerck, près de Leyde, le 15 juin 1606, mort à Amsterdam en 1674 ; il reçut les premières leçons de Jac. Vanz-Waarenburg et se perfectionna sous P. Lastman, Jac. Pinas et Geor. Schooten.

54. — Les Joueurs.

RUBENS (Pierre-Paul),
Né à Cologne le 28 juin 1577, mort à Anvers le 30 mai 1640 ; élève de Tobie Verhaest, d'Adam Van Oort, et d'Otto Venius. 1630, février. Créé chevalier par le roi d'Angleterre Charles Ier.

55. — Un Berger qui étouffe un Ours. b.
Gravé par Panneels. — N° 45 du catalogue de l'œuvre de Rubens (sujets historiques et allégoriques), par Hecquet ; N° 21 du catalogue (ancien Testament), par Basan, qui décrit ainsi le tableau : David qui étouffe un Ours.

56. — Le Jardin d'amour. b.
57. — Esquisse en grisaille. b.

58. — Portrait d'homme.
A droite dans le haut, armoiries; au-dessous, 1634; plus bas, OE^s Suœ 65.

59. — Le Temps enlevant la Vérité de la Terre. marbre.

59. *bis*. — Figures.

STEIBEN.

60. — Le Marchand de Tableaux. c.
On voit parmi les tableaux qui ornent sa demeure, les productions les plus célèbres de Rubens et de ses contemporains.

TÉNIERS (DAVID) le jeune,

Né à Anvers en 1610, mort à Bruxelles le 25 avril 1694; élève de son père, David Téniers le vieux, et d'Adrien Brauwer.

61. — Le Marchand ambulant. Sig. du monogramme. b.
62. — Danse villageoise. Signé : TENIERS b.

TERBURG (GÉRARD),

Né à Zwol en 1608 ; mort à Deventer en 1681 ; élève quelque temps de son père.

63. — Un Cavalier. b.

VELDE (GUILLAUME VAN DEN),

Né en 1633, mort en 1707; élève de son père Guillaume, et de S. de Vlieger.

64. — Portrait de Van den Velde par lui-même. b.

WALSCAPPEL.

65. — Fruits. Signé : WALSCAPPEL. b.
Le Louvre n'a aucun tableau de Walscappel.

ZOOLEMAKER, ou mieux SOOLMAKER.
École de Berghem.

66. — Paysage, Animaux.— Signé : F. Soolmaker. b.
(Le Louvre n'a aucun tableau de Zoolemaker).

ÉCOLE ALLEMANDE.

HOLBEIN (Jean) le jeune,

Né à Bâle en 1498, mort à Londres en 1554, élève de son père, Jean Holbein le vieux.

67. — Portrait d'Homme. b.

LUCAS DE LEYDE (Lucas Dammesz, appelé vulgairement Lucas de Hollande, ou),

Né à Leyde en 1494, mort dans la même ville en 1533, élève de son père Hugues Jacobz et de Corneille Eugelbrechtsen.

68. — Portraits. — Quatre têtes de vieillards. b.

Au dessus de chaque tête est placée une inscription latine à demi effacée, et dont voici, sous toutes réserves, la restitution : MAR : FICINUS (Marsile Ficin, érudit?) CHR : LANDINUS (Cristofo Landino, poète?) ANG. POLITIANUS (Ange Politien, philologue et littérateur?) DEMETRIUS GRECUS ?

69. — Madone à l'Enfant Jésus. Fonds d'or. b.

MEMLING ou HEMMELINCK,

Né à Damme, près de Bruges en 1434; travaillait encore en 1479.

70. — Les Noces de Cana. b.

WOLGEMUT (Michel),

Peintre et graveur, né à Nuremberg en 1434, mort dans la même ville en 1519 ; élève de Jacob Walen, maître d'Alb. Durer.

71. — Une déposition. b.

ÉCOLE ANGLAISE.

REYNOLDS (sir Joshua),

Né à Plymton (comté de Devon), le 16 juillet 1723, mort à Londres le 23 février 1792, élève en 1742 de Hudson. — 1768, président de l'académie royale des arts, démissionnaire le 22 février 1790.

72. — La métamorphose, sujet tiré d'Apulée.

REYNOLDS,

Peintre et graveur à la manière noire, souvent confondu avec Joshua Reynolds.

73. — Paysage.
74. — La Moisson. sur carton.
75. — Vue prise à Saint-Cloud.
76. — Étude.
77. — Étude. — La Ferme.
78. — Étude.
79. — Étude.

BONINGTON (RICHARD PARKES),

Né à Arnold, près Nottingham, le 25 octobre 1801, mort à Paris, le 23 septembre 1828 ; élève de son père, de Prout et de Gros. — Médaille, 1825.

80. — Plage.

ÉCOLE FRANÇAISE.

BOUCHER (FRANÇOIS),

Né en 1704, mort le 30 mars 1770 ; élève de Lemoine, académicien le 30 janvier 1734, adjoint à professeur le 2 juillet 1735, professeur le 2 juillet 1737, adjoint à recteur le 29 juillet 1752, recteur le 1er août 1761, directeur le 23 août 1765, premier peintre du roi à la mort de Carle Vanloo en 1765.

81. — La belle Dormeuse. ovale.
Ancienne collection de Cypierre.

82. — La Musique.

BOURGUIGNON (Jacques Courtois, dit le)

Né à Saint-Hippolyte (Franche-Comté), en 1621, mort à Rome en 1676; élève de Jérôme, peintre Lorrain.

83. — Un Combat. — Attaque d'un pont.

84. — Choc de cavalerie.

CHARDIN (Jean-Baptiste-Siméon).

Né à Paris le 2 novembre 1699, mort dans la même ville le 7 décembre 1779; élève de Cazes; académicien le 25 septembre 1728; conseiller le 28 septembre 1743.

85. — La Brodeuse. b.

CLOUET JANET (François-Clouet dit),

Vivait en 1547; son maître n'est pas connu.

86. — Guy du Faur, seigneur de Pibrac,

Magistrat, négociateur, moraliste et poète, chancelier de la reine de Navarre (Marguerite de Valois).

(Ancienne collection du cardinal Fesch, n° 1,331 du catalogue de 1841, n° 477 du catalogue de 1845).

Au revers du panneau, on lit un quatrain satirique, signé: DE LA PLACE

87. — Anne, duc de Joyeuse, amiral, duc, pair, gouverneur de Normandie, tué à la bataille de Coutras. b.

(Ancienne collection du cardinal Fesch; n° 1,332 du catalogue de 1841, n° 478 du catalogue de 1845).

Au revers du panneau, on lit deux vers satiriques, signés: DE LA PLACE.

FRAGONARD (Nicolas),

Né à Grasse en 1732, mort à Paris le 22 août 1806; élève de Boucher; grand prix en 1752.

88. — L'Heureuse Mère.

89. — Tête d'Enfant. b.

90. — Esquisse d'un Plafond, sujet allégorique. Dans le fond une femme, assise sur des nuages, tient un livre ouvert, portant ces mots : IN LEGIBUS SALVS ; derrière elle, un homme appuie la main sur un bouclier portant ces mots : JUBET ET PROBAT.   ovale. b.

91 — Le jeune peintre, esquisse.

92. — Paysage.   sur carton.

GÉRICAULT (JEAN-LOUIS-THÉODORE-ANDRÉ),

Né à Rouen en 1790, mort le 18 janvier 1824, à Paris; élève de Carle Vernet et de Guérin, première exposition, 1812; médaille : 1812, 1819.

93. — La Vedette.

94. — Mazeppa. — Esquisse.

GREUZE (JEAN-BAPTISTE),

Né à Fourmio, près de Mâcon, le 21 août 1725, mort à Paris le 21 mars 1805 ; élève de Grandon, académicien le 23 août 1769, chevalier de Saint-Michel.

95. — Tête de jeune Fille.

LANCRET (NICOLAS),

Né à Paris le 22 janvier 1690, mort le 14 septembre 1743 ; élève de P. d'Ulin et de Gillot, académicien le 24 mars 1719, conseiller le 2 juillet 1735.

96. — Le Nid d'Oiseaux.

97. — Jugement de Pâris.   b.

98. — L'Hiver.   b.

99. — L'Été   b.

L'ARGILLIÈRE (Nicolas de).

Né à Paris en 1656, mort dans cette ville le 26 mars 1746 ; élève d'Antoine Goubeau, académicien le 30 mars 1686, adjoint à professeur le 4 juillet 1699, professeur le 30 juin 1705, adjoint à recteur le 24 avril 1717, recteur le 10 janvier 1722, chancelier le 30 mai 1733, directeur le 5 juillet 1738.

100. — Portrait d'une Dame de la Cour.

OUDRY (Jean-Baptiste).

Né à Paris en 1686, mort à Beauvais le 30 avril 1755 ; élève de Largillière, académicien le 25 février 1719, adjoint à professeur le 4 juillet 1739, professeur le 28 décembre 1743.

101. — Oiseaux.

PATER (Jean-Baptiste);

Né à Valenciennes en 1695, mort à Paris le 25 juillet 1736 ; élève de Guérin et d'A. Watteau, académicien le 31 décembre 1728.

102. — Plaisirs Champêtres.   Signé : Pater, 1782.
103. — Jeune Pâtre.   b.

POUSSIN (Nicolas),

Né aux Andelys, au mois de juin 1594, mort à Rome le 19 novembre 1665 ; élève d'Elle de Malines, de Lallemant et de Quintin Varin, premier peintre ordinaire du roi le 20 mars 1641.

104. — La Passion. — Esquisse, gravé.

PRUD'HON (Pierre-Paul),

Né à Cluny le 6 avril 1760, mort à Paris le 16 février 1823 ; élève de Devosge (de Dijon); première exposition, 1801, membre de l'Institut le 24 septembre 1816.

105. — La Volupté. — Esquisse.

L'exposition possède le dessin très terminé de cette composition (voir aux Dessins, art. Prud'hon.)

106. — La Mère malheureuse.

Petite esquisse pour le tableau de Mlle Mayer, qui fut exposé au salon de 1810.

WATTEAU (Antoine),

Né à Valenciennes le 10 octobre 1684, mort à Nogent, près Paris, le 18 juillet 1721; élève de Métayer, de C. Gillot et de Cl. Audran; grand prix, académicien le 28 août 1817.

107. — Plaisirs champêtres
108. — Clytie changée en héliotrope.
   Tableau exécuté dans la manière de Rubens.
109. — La déclaration imprudente.
110. — Le Repos champêtre.
111. — Masques de la Comédie Italienne, gravé par Cochin. b.
112. — L'Alliance de la Musique et de la Comédie, représentée sous la figure de leurs muses avec leurs armes et attributs: gravé par J. Moyreau.
113. — Causerie champêtre.

MAITRES CONTEMPORAINS.

BONNEFONDS,

Né à Lyon; première exposition, 1817, médaille 1817, 1827.

114. — Tête de vieillard.

CABAT (Louis-Nicolas),

Né à Paris; première exposition 1833, médaille 1834.

115. — Les Trois Ages.

CHARPENTIER (Auguste),

Né en 1814; élève de Ingres, médaille 1840.

116. — Femme Napolitaine.

COUTURE (Thomas), ✻,

Élève de Gros, médaille 1847.

117. — Le jeune Fou.
118. — Même sujet.

Réduction du tableau précédent.

119. — Profil perdu.
120. — Tête de Madeleine.   ovale.
121. — Le Repos.
122. — La Puissance de l'Or.
123. — Le Dieu de l'Epoque.
124. — Tête d'étude.
125. — Le petit Fauconnier.
126. — Portrait de Mr Barroilhet.

DECAMPS (Gabriel), O. ✻,

Né à Paris en 1803; élève d'Abel de Pujol, première exposition : 1827, méd. 1831, 1834, officier 1851.

127. — Campagne de Rome.   b.
128. — Petit paysage. — Chasse au Marais.   b.
129. — La charette.

DELACROIX (Ferdinand-Victor-Eugène), O. ✻.

Né à Charenton Saint-Maurice, près Paris, le 26 avril 1798; élève de Guérin, première exposition : 1822, médaille 1824, officier de la Légion-d'Honneur 1846.

130. — Chevaux de ferme.   b.
131. — Don Quichotte.
131. bis. — Archimède.

PEINTURE.

DIAZ DE LA PENA (Narcisso), ✶,
Médaille , décoré en 1851.

132. — L'Adieu.
133. — Coucher de Soleil.
133. bis. — Le Philosophe.
134. — Ophelia. b.
135. — Troncs d'arbres. — Étude. b.
136. — Mare et Forêt.
137. — Paul et Virginie.
138. — Jeune Fille.
139. — Chevaux au pacage. b.

DREUX (Alfred de).
140. — Étalon en liberté.

DUPRÉ (Jules),
Première exposition : 1834, médaille 1833.
141. — Les Moulins.
Ancienne collection Paul Périer (n₀ 16 du catalogue).
142. — Marécage dans un bois.
143. — Esquisse.
144. — Petite Cabane.
145. — Grande Esquisse.

FLERS (Camille).
146. — Une Vanne en Normandie. S. 1834.

DE FRANCESCO (Benjamino).
147. — Coquelicots.

GALETTI,
Né en Italie.
148. — Paysage.

HERVIER (Adolphe).

149. — Marine.

HOGUET (Charles).

150. — Nature morte.
151. — Marine. b.

ISABEY (Eugène), O. ✻,

Né à Paris le 22 juillet 1804; élève de son père, méd. 1824, 1825, 1827, 1831, chevalier de la Légion-d'Honneur 1832, officier 1852.

152. — Marine. b.
153. — Un Alchimiste. S. 1834.

LESSORE (Émile),

Élève d'Ingres, médaille 1831.

154. — Callot.

MICHEL.

155. — Étude, le Moulin à vent.
156. — Étude.
157. — Étude.

PILS (Isidore),

Elève de Picot; premier grand prix de Rome, 1838; médaille, 1846.

158. — Marine.

ROQUEPLAN (Joseph-Étienne-Camille), ✻,

Né à Mallemort (Bouches-du-Rhône), le 18 février 1802, élève d'Abel de Pujol et de Gros, médaille en 1822, décoré 1832.

159. — Petit paysage, ovale. b.
160. — L'Heureuse Mère.
161. — Marine.

PEINTURE.

ROUSSEAU (Théodore),
Médaillle 1834, 1850.

162. — Grande Avenue.
163. — Un Terrain.   b.
164. — Coucher du Soleil, Forêt de Fontainebleau.
165. — Marécage.
166. — Petit Paysage.

TASSAERT (Octave).

167. — La jeune Fille au lapin.

TROYON (Constant).

168. — Moulin à Montmartre.
169. — Dindons.   b.

VIDAL.

170. — Jeunes Bretonnes priant sur un tombeau.
171. — Petit cheval dans une cour.

Peinture.

ALEXANDRE (Léon).
34, rue Lafayette.

172. — Toilette de Bal. haut. 0,52; larg. 0,45.

ANASTASI (Auguste),
92, Rue Hauteville,
Né à Paris le 15 novembre 1820; médaille :

173. — Petit Ravin, Soleil couchant, Forêt de Fontainebleau. S. 1850. b.

APOIL (Mme Suzanne-Estelle), née BÉRANGER,
Médaille 1846.

174. — Fleurs.

BAZIN (Louis-Charles),
28, rue d'Assas,
Né à Paris en 1803; élève de Girodet, et depuis 1819 de Gérard.

175. — La Prière du matin.
(A M. Lefebvre.)

176. — Jeune Fille au lézard. S. 1846.

177. — Le marquis H. de Larochejaquelein.
(A M. le marquis de Larochejaquelein.)

178. — Portrait d'homme.
(A M. Rocton.)

179. — Le denier de César.
Répétition sur une moindre échelle du tableau qui a figuré au salon de 1845 et qui fut acheté par le Ministère de l'Intérieur. Cette répétition a été lithographiée par Soulange Teissier.
(A M. le docteur Boué.)

180. — Sainte Cécile.

181. — La Canne à Papa.

BELLOCHE.

182. — Les Demeures de Napoléon.

BENOUVILLE (ACHILLE),
8, place Vendôme,
Premier grand prix de Rome, 1845; médaillé

183. — Le Départ, souvenir de l'Arriccia.   S. 1850.
Envoi de Rome.
(Au Ministère de l'Intérieur.)

BERGER (JOSEPH),
Né à Langres en 1798 ; élève de Prud'hon et de Gros.

184. — M. Léon Noël.

BERTHELEMY (EMILE),
19, rue du Delta.

185. — Marine. Evasion de Jean Bart.

PEINTURE.

BIARD (François) ✻,

8, place Vendôme,

Né à Lyon en 1800 ; médaille 1827.

186. — Un Propriétaire.

187. — Madame Dubarry chez Cagliostro.   S. 1849.

188. — Henri IV et Fleurette,   S. 1847.

BOILLY (Louis-Léopold,

Né à la Bassée (Nord), le 5 juillet 1761, mort le 5 janvier 1845; élève quelque temps de son père Arnould Boilly, sculpteur en bois; médaille 1804, décoré 1833.

189. — Le Neuvième Mois   b.

(Signé : L. Boilly.)

A été lithographié.

(A M. ✱✱✱.)

190. — Molé, ancien sociétaire de la Comédie Française.   b.

Cadre ovale.

(A M. le marquis de Pastoret.)

(Le Louvre n'a aucun tableau de Boilly.)

BONVIN (François),

39, rue de Vaugirard,

Médaille 1849, 1851.

191. — La Cuisinière.   (S. 1850).

Gravé par Edmond Hedouin.

(à M✱✱✱.)

BOTH D'ITALIE (Jean Both dit).

Né à Utrecht en 1610; élève d'Abraham Bloemaert, mort à Utrecht en 1653.

(École Hollandaise.)

192. — Paysage.

(à M. Huvé.)

BOUCHER (François).

193. — Une Source. Allégorie mythologique.

(Signé : J. Boucher 1743.

(Voir le N° 81.)

(A M. le Comte de Montesquiou.)

BOURDON (Sébastien),

Né à Montpellier en 1616, mort le 8 mars 1671; membre de l'Acadamie dès sa fondation (1648)'. Premier peintre de la reine Christine de Suède.

(École Française.)

194. — Portrait d'un Gentilhomme.

(à M***)

BRÉEMBERG (Bartolomé),

Peintre et graveur, né à Utrecht vers 1620, mort en 1660.

(École Hollandaise.)

195. — Ruines. Paysage composé.

(A M. Roëhn.)

BRISSET,

Premier grand prix de Rome 1840 ; élève de Picot.

196. — Erigone. cadre ovale

(A M. Fromentin.)

PEINTURE.

BRUNE (Adolphe),
Première exposition 1833. Médaille 1834.

197. — Le Miracle de saint Marc, copie du Tintoretto.
(Le tableau original est à la Pinacoteca de Venise).

CARDUCHO (Bartolomé Carducci, appelé en Espagne),
Né à Florence en 1560, mort à Madrid en 1608; élève de B. Ammanati, pour la sculpture, et de P. Zuccheri, pour la peinture. (École de Madrid.)

198. — Des Religieux vont procéder à la translation d'un corps : ils sont réunis et se forment en cortège.
(A M. le baron Taylor.)

CARACCI (Annibale),
(Voir le N° 22.)

199. — Descente de Croix.
(Voir le N° 201.)
(A M. le général de Cubières.)

CASANOVA (François),
Né à Londres en 1730, mort à Brühl en 1805, frère du fameux aventurier ; élève de Mengs, professeur et directeur de l'académie des Beaux-Arts à Dresde. Académicien, 26 mai 1763.

200. — Paysage.

CERQUOZZI (Michel-Angiolo),
Dit DELLE BATTAGLIE ou DELLE BAMBOCIATE,

201. — Bataille au XVIe siècle.

Ce tableau faisait partie, ainsi que ceux numérotés, 198, 207, 208, 209, 210, 211, de la collection formée à Rome par Wicar, peintre lillois, ancien commissaire de la République française à la suite de l'armée d'Italie, pour la réunion des objets d'art. (Le Louvre n'a aucun tableau de Cerquozzi.)
(A M. le général Cubières).

PEINTURE.

CHAMPAIGNE (Philippe de),

à Bruxelles en 1602, mort à Paris le 12 août 1674; élève de Bouillon, de Michel Bourdeaux et de Fouquières; académicien, 1er février 1648, professeur, 6 mars 1655; peintre du roi.

(École Française.)

202. — Thomas Corneille.

A été gravé.

(A M. le marquis de Pastoret.)

203. — Saint Vincent-de-Paul.

(Dans le haut, à droite, œtatis 76, A. N. 1655.)

(A M. le marquis de Pastoret.)

204. — Le Cardinal de Bérulle.

A été gravé.

(A M. le marquis de Pastoret).

205. — Jésus-Christ et la Samaritaine.

Gravé par Edelinck.

(A M. le marquis de Vérac.)

CHARDIN (Jean-Baptiste-Siméon),

(Voir le No 85.)

(École Française.)

206. — Une Nature morte.   Signé : J. Chardin.

(A M. ***)

207. — Un Aveugle des Quinze-Vingts demandant l'aumône.

Ce tableau, fait en 1753, a été gravé par P.-L. Surugue.
Un des anciens catalogues, après la description du tableau, cite les vers suivants faits par Piron en 1766, pour un aveugle nommé Cesar qui demandait l'aumône au passage des Feuillants:

Chrétiens, au nom du Tout-Puissant,
Faites-moi l'aumône en passant.
Le malheureux qui la demande
Ne verra point qui la fera.
Mais Dieu qui voit tout, le verra.
Je le prierai qu'il vous la rende.

PEINTURE.

208. — Ustensiles de cuisine.   Signé : CHARDIN.
(A M. ***.)

CHARLET (NICOLAS-TOUSSAINT),
Peintre et graveur,

Né à Paris le 20 décembre 1792; fréquenta l'atelier de Gros en 1819, professeur de dessin à l'École Polytechnique.

209. — La Lecture.   Signé : CHARLET. b.
(A M. Achard.)

210. — Le Fumeur.
(A M. Achard.)

CHAUDRON.

211. — Paysage.
Manière de Watteau.
(A M. Huvé.)

CHINTREUIL.

212. — Paysage. Effet de brouillard.

CIBOT (ÉDOUARD),
8 *ter*, rue de Furstemberg,

Né à Paris en février 1799; élève de Guérin et Picot, médaille 1836.

213. — Un Portrait, étude.

214. — Tête d'étude.

215. — Paysage. Effet de clair de lune.

216. — Paysage.

217. — Paysage.
(Ces trois paysages ont été pris près de Bellevue).

218. — Paysage, pris à Cernay.

219. — Paysage, pris à Cerney.

PEINTURE.

COLIN (Marie-Alexandre),
19, rue Mazarine,
Né en 1798, élève de Girodet, médaille 1840.

220. — Kean, acteur anglais, dans le rôle d'Hamlet, d'après Lawrence.
L'original est au musée Britannique.

221. — Ariane, d'après le Titien.
L'original est au musée britannique.
(Au Ministère de l'Intérieur).

222. — La Vierge.

COROT (Jean-Baptiste-Camille), *,
16, rue des Beaux-Arts,
Né à Paris en 1796; élève de Bertin, première exposition 1827, médaille 1833, décoré 1847.

223. — Démocrite chez les Abdéritains.   S. 1841.

CROZAT (Joseph-Antoine),
Artiste amateur, né à Toulouse en 1696; mort en 1744. Etudia sous le peintre toulousain Rivals. Protecteur de Watteau.

224. — Cérès.
Gravé par Cars.
(A M. Roëhn.)

DAVID (Jacques-Louis),
Né à Paris le 30 août 1748, mort à Bruxelles le 29 décembre 1825; élève de Vien; 1772 second prix; 1775 premier prix; 23 août 1783 académicien; 1792 élu membre de la Convention; 14 septembre 1792, membre du comité de sûreté générale; 1794, président de la Convention, officier de la Légion d'Honneur; de l'Institut, dès sa création; rayé par ordonnance, et exilé en 1816; peintre du roi, puis premier peintre de l'Empereur; chevalier de l'Empire.

225. — Etude.
(A M. Abel de Pujol.)

PEINTURE.

DAUZATS (Adrien), ✻,
14, rue Olivier.

Né à Bordeaux en 1804; élève de J.-M. Gué. Méd. 1833, 1834, 1835.

226. — L'arc de triomphe de Djimilah en Algérie (province de Constantine). S. 1845.

Ce tableau, commandé par le roi Louis-Philippe, a figuré dans la salle du Conseil des appartements du roi, à Saint-Cloud.

DECAISNE (Henri) ✻,
17, rue de la Rochefoucault.

Né à Bruxelles en 1799; élève de David, Girodet et Gros. Première exposition 1824; médaille 1827; décoré 1842.

227. — Le Chancelier de l'Hospital pendant la Saint-Barthélemy. S. 1850.

(Au Ministère de l'Intérieur.)

DECAMPS, O. ✻,
(Voir le N° 127.)

228. — Vue des Dardanelles. haut. 0,69; larg. 0,44.

(A M. Véron).

DE LACROIX (Ferdinand-Victor-Eugène),
58, Rue Notre-Dame-de-Lorette.

229. — La mort de Christine.

DENNER (Balthazar),
Né à Hambourg en 1685, mort en 1749.

(École allemande.)

230. — Portrait de Femme âgée.

(A M. Duclos).

PEINTURE.

DE TROY (FRANÇOIS),

Né à Toulouse en 1645; mort à Paris le 1er mai 1730 ; élève de son père, Nicolas de Troy, de Nicolas Loir et de Claude Lefèvre; frère de Jean de Troy; académicien, 6 octobre 1674; adjoint à professeur, 6 décembre 1692; professeur, 26 septembre 1693; directeur, 7 juillet 1708.

(École française.)

231. — Mezettin en costume. haut. 0,45; larg. 0,33.

Gravé par C. Vermeulen ; ce tableau a figuré au salon de 1699, et a fait partie de la collection Alex. Lenoir.

DE SERRES (C.),
3, Rue du Nord.

232. — Les Syndics des Marchands drapiers d'Amsterdam, d'après Rembrandt.
(L'original est au musée d'Amsterdam.)

(Au Ministère de l'Intérieur.)

233. — Les Arquebusiers se rendant au tir à l'oiseau, ou la Garde de nuit, d'après Rembrandt.
(L'original est au musée d'Amsterdam).

DROLLING père (MARTIN),

Né à Oberghéem (Haut-Rhin), le 19 septembre 1752, mort à Paris, le 16 avril 1817 ; médaille 1806.

234. — La Consultation. b.

Signé : DROLLING F.
(A M. Eude Michel.)

DROUAIS (FRANÇOIS-HUBERT),

Né à Paris, le 14 décembre 1727, mort le 21 octobre 1776 ; premier peintre de Monsieur. Académicien, 25 novembre 1758.

235. — Les Enfants de France.
Gravé par J.-J. Beauvarlet.
(A M. Duclos.)

PEINTURE.

FELON (Joseph),
4, rue Furstemberg.

236. = Le petit Lac d'Enghien. Effet de crépuscule. (S. de 1850).
237. — Les Laveuses de Nice.
238. — Tête d'étude. (S. de 1850).

FÉRON.

239. — Pélerinage à la Grotte. Paysage pris en Algérie. (M. Huvé.)

FLANDRIN (Paul).

240. — Les Péninents de la Mort dans la campagne de Rome; ils vont chercher les corps abandonnés et leur donnent la sépulture. S. 1840.
241. — Site de Provence. — Le Mont Ventoux.

FLEURY (Léon), ✻,
46, rue Saint-Lazare.
Médaille 1845, décoré 1851.

242. — Un Bocage en Normandie. S. 1850.

FOUREAU.

243. — Derniers moments de Chatterton après avoir pris le poison. Les enfants de son hôtesse lui apportent des fruits.
Sujet tiré du drame d'Alfred de Vigny.
244. — Shelley, célèbre poète anglais, contemporain et ami de Byron. Il se sépare de ses enfants par ordre du lord Chancelier.

PEINTURE.

245. — Pêcheurs.

FRA ANGELICO (Fra Giovanni da Fiesole, dit),

Né vers l'an 1387. Son nom était Santi Tosini avant qu'il entrât dans l'ordre de Saint-Dominique. Il a été le contemporain de Masaccio et de Gentile da Fabriano, et non leur élève, si toutefois les dates de leurs naissances sont certaines. Il travaillait encore en 1457 pour la cathédrale d'Orvieto.

(Ecole Florentine.)

246. — L'Annonciation. b.

Dans une galerie ouverte d'où on aperçoit la ville de Nazareth, la Vierge, à genoux sur un prie-Dieu, reçoit avec trouble l'envoyé du ciel et l'annonce de son message.

(Voir le n° 201.)

(A M. le général Cubières).

FRAGONARD (Nicolas),

Né à Paris en 1732; mort dans la même ville le 22 août 1806; élève de Boucher.

247. — Bonheur du premier baiser. b.

(A M. Walferdin.)

248. — La Vision. b.

(A M. Walferdin.)

249. — Tête d'enfant.

(A M. Walferdin.)

250. — La Corbeille. b.

(A M. Duclos.)

DE FRESNE (Emile),

Né à Lille, 1816.

251. — La Communion de saint François,

(d'après P.-P. Rubens).

36.   PEINTURE.

252. — L'Éducation de la Vierge,
(D'après P.-P. Rubens.)

253. — Tryptique. — La Vierge et l'Enfant Jésus. — Le Christ descendu de la croix. — Saint-Jean l'Évangéliste.
(D'aprè P.-P. Rubens.)

Les originaux de ces trois tableaux sont à Anwers.
(Ces copies appartiennent au Ministère de l'Intérieur).

GARNERAY (Ambroise-Louis),

24, rue des Martyrs,

Peintre et graveur; élève de son père, ancien directeur du musée de Rouen, médaille 1819, décoré en 1831.   (M. 2e cl.)

254. — Vue d'Antibes.

haut. 0,52; larg. 0,70.

255. — Vue des Bouches de l'Elbe.   (S. de 1850.)

haut. 0,32; larg. 0,44.

256. — Vue du port de Sunderland, prise en dehors de la passe d'Anvers.   (S. de 1850.)

haut. 0,43; larg. 0,68.

GASSIES,

Né à Bordeaux en 1786, mort en 1832; élève de Lecour et Vincent, chevalier de la Légion-d'Honneur.

257. — Le Rocher de Shakespeare. Effet de brouillard près de Douvres.   (Signé : Gassies, 1831.)

Ce tableau a fait partie de la collection du roi Louis-Philippe au Palais-Royal. Il a également appartenu au comte d'Houdetot. Enfin il est indiqué au salon de 1831, comme appartenant à la comtesse de N***.

GENDRON (Auguste),
408, rue Saint-Honoré,
Médaille 1846.

258. — Le doux Entretien.

(A M. Arsène Houssaye.)

(GÉNIOLE Alfred),
24, rue de la Victoire.

259. — Philippe IV, portrait équestre, d'après Vélazquez.

L'original est au musée del Rey, à Madrid.

260. — Isabelle de Bourbon, première femme de Philippe IV, portrait équestre, copie d'après Vélazquez.

L'original est au musée del Rey de Madrid.

261. — Le Comte-Duc d'Olivarès, portrait équestre, copie d'après Vélazquez.

L'original est au musée del Rey, à Madrid.

262. — L'Imbécile de Coria, menin de Philippe IV, copie d'après Vélazquez.

L'original est au musée del Rey, à Madrid.

263. — El Nino de Vallecas, menin de Philippe IV, d'après Vélazquez.

L'original est au musée del Rey, à Madrid.

264. — L'Infant don Balthazar Carlos, fils de Philippe IV, portrait équestre, d'après Vélazquez.

<small>L'original est au musée del Rey, à Madrid.</small>

<small>(Copie achetée par le Ministère de l'Intérieur.)</small>

265. — Une Bourgeoise de Madrid, portrait en pied.

GÉRARD (François),

<small>Né à Rome en 1770, mort à Paris le 11 janvier 1837; élève de David en 1786, après avoir étudié chez Brenet et Pajou. Second grand prix 1789, première exposition 1795, membre de l'Institut 1812, professeur à l'école des Beaux-Arts, Baron 1816, premier peintre du roi, officier de la Légion-d'Honneur, chevalier de Saint-Michel.</small>

266. — Daniel qui défend la chaste Suzanne. Tableau de concours du prix de Rome.

<small>(Signé : F.-G. 1790).</small>

<small>Ce tableau ne put obtenir le prix, parce que la mort du père de Gérard interrompit ses travaux et l'empêcha de le terminer à temps. (Voyez la biographie de Gérard par C. Lenormand.)</small>

267. — Lady Jersey.

<small>Portrait peint en 1814. — C'est le premier fait; lady Jersey ayant demandé des modifications dans le costume, Gérard préféra faire un second portrait.</small>

<small>(Appartient à M. Henri Gérard.)</small>

GÉRARD (Mlle),

<small>Médaille 1835.</small>

268. — La Leçon de Dessin.

<small>(A M. Duclos.)</small>

269. — L'Heureuse Mère.

<small>(A M. Duclos.)</small>

GHERARDO delle NOTTI (Gerard Honthorst, dit),

Né à Utrecht en 1592, mort vers 1662; élève d'Abraham Bloemaert.

270. — Jésus chez les Disciples d'Emmaüs.
(V. le N° 201.)
(Appartient à M. le général Cubières.)

GIROUARD (Mlle Henriquetta),

Née à Lisbonne en 1819 ; élève de Gosse.

271. — Suzanne au bain.

GIROUX (André), ✻,
Rue de Bruxelles, 22,

Né à Paris en 1801, premier grand prix de Rome en 1825, décoré en 1837; première exposition, 1817, médaille, 1822, 1824, 1831.

272. — Paysage.

GOSSE (Nicolas-Louis-François), ✻,
7, rue de Lancry,

Né en 1787; élève de Vincent, méd., 1819, 1824, 1825, décoré, 1824.

273. — Saint Vincent-de-Paul, accompagné du comte et de la comtesse de Joigny, porte aux condamnés au bagne des grâces et des consolations. (S. de 1850.)

274. — Newton, ayant laissé une bougie allumée dans son cabinet de travail, son chien la renversa et il rentra au moment où ses manuscrits, consumés, n'étaient plus qu'un amas de cendres. (S. de 1850.)

275. — Luis de Camoëns, à la suite d'un naufrage, aborde les rochers de Cambodje, en tenant d'une main son épée et de l'autre le manuscrit des *Lusiades*. (S. de 1850).

276. — Galilée, aveugle et malheureux, démontre son système à ses élèves et aux grands de Florence. (S. de 1850)

277. — Descente de Croix, d'après P.-P. Rubens.

GRANET (François-Marius),

Né à Aix en 1776, mort le 21 novembre 1849; élève de Constantin et de David; première exposition, 1800; médaille, 1808; conservateur au musée du Louvre; chevalier, 1819; membre de l'Institut, 1830; officier de la Légion d'Honneur, 1833; chevalier de Saint-Michel, 1822.

278. — Le Maréchal de Joyeuse.

(Signé : Granet à Paris, 1825).

(A M. le marquis de Pastoret.)

GRÉGORIUS (Albert),

Élève de David, directeur de l'école de Bruges, médaille, 1814.

279. — Mme de Staël.

D'après Gérard, peint en 1824 ; a fait partie de la collection du roi Louis-Philippe, au Palais-Royal.

GRÉVEDON (Pierre-Louis, dit Henri), ✻.

1, place Pigale,

Né à Paris le 17 octobre 1783; élève de Regnault; première exposition, 1798, médaille, 1805, 1824, 1825, 1831, décoré en décembre 1830.

280. — Portrait de Femme.

281. — Portrait de Femme.

GRIMOUD (Alexis),

Né vers 1640, mort à Paris vers 1740.

(École Française.)

282. — Portrait de Grimoud, peint par lui-même,
Manière de Rembrandt.

(A M. Jousselin).

GROLIG (Curt).

283. — Vue de Paris, prise aux environs de Meudon.
Figures par Horace Vernet.

S. 1846.

GROS (Antoine-Jean),

Né à Paris en 1771, mort à Meudon le 26 juin 1835 ; élève de David ; membre de l'Institut par ordonnance, 1816 ; professeur à l'école des Beaux-Arts ; baron, 1825 ; officier de la Légion d'Honneur, chevalier de Saint-Michel.

284. — F. Gérard.

(A M. Henri Gérard.)

GUIAUD.

285. — Vue de Monaco.

HUISMANS de MALINES.

(Voir N°   )

286. — Paysage.

(A M. Duclos.)

287. — Paysage. Effet de soleil.

A M. Jousselin.)

PEINTURE.

JOLLIVET (Jules), ✻,

34, rue Saint-Lazare, cour d'Orléans.

Né à Paris en 1803; élève de Huvé, Famin, De Juinne et Gros, médaille 1833, 1835; décoré 1851.

288. — Halte de Bohémiens dans les montagnes de Guadarrama.

JONGKIND (Jean-Baptiste),

1, place Pigale.

Né en Hollande vers 1819; élève d'Isabey.

289. — Marine.

(A la Loterie des Lettres et des Arts.)

290. — Souvenir de Brest.

JOYANT (Jules),

13, rue du Nord.

Né à Paris en 1804; élève de Lethières, médaille 1835, 1840.

291. — Intérieur de la Cour du Palais des Doges, à Venise.

KNIP.

292. — Paysage.   Signé : I.-A. Knip, 1825.

(A M. le Marquis de Vérac.)

LACROIX (Gaspard).

293. — Paysage. — Baigneuses.

294. — Paysage. — Baigneuses.   S. 1850.

LANCRET (Nicolas).

(V. le n° 96.)

295. — Le Joueur de Cornemuse.

(A M. Duclos.)

LARGILLIÈRE.

(V. le n° 100.)

296. — Louis de Bourbon, comte de Vermandois, fils naturel de Louis XIV et de Mme de La Vallière, grand amiral de France.

(A M. Roëhn.)

297. — Madame Lemaître.

(A madame Petau.)

298. — Mademoiselle Lemaître.

(A madame Petau.)

299. — Le Vœu du corps de Ville de Paris à sainte-Geneviève en 1694.

Réduction du tableau votif qui figure encore à Saint-Etienne-du-Mont, faite probablement pour la gravure, si l'on en juge d'après les lettres de renvoi qui se trouvent au-dessus de chaque personnage. Largillière s'y est peint. (Voir sur le tableau original Florent le Comte.)

(A M. Duclos.)

LEBOUYS,

1, rue Mazarine, et 3, au palais de l'Institut.

300. — Frères de la Rédemption des Captifs rachetant des esclaves en Afrique.

PEINTURE.

LEBRUN (Mme), LOUISE-ELISABETH, née VIGÉE,

Née en 1756, morte en 1842; élève de Vigée, son père, de Joseph Vernet et de Greuze, maître peintre à l'académie de Saint-Luc par lettres du 25 octobre 1774; académicienne, 1783, 31 mai.

301. — Portrait de l'acteur Caillot, rôle du Chasseur dans l'opéra-comique les Chasseurs et la Laitière.

(A M. Eude Michel.)

302. — Portrait de Dugazon jouant le rôle d'Unique dans Syncope, parodie de Pénélope, représentée à la cour, le 21 janvier 1786.

(A M. le marquis de Pastoret.)

303. — Madame Lebrun peinte par elle-même.

(A M. Arsène Houssaye).

LEFÈVRE (ROBERT),

Né à Bayeux le 18 avril 1756, mort à Paris le 3 octobre 1830; élève de Regnault, premier peintre de la chambre du roi sous la Restauration, 1816; première exposition 1791.

304. Portrait de M. de Mercey père.

(A M. F. de Mercey.)

LE GENISSEL (LOUIS-FRANÇOIS-EUGÈNE),

16, rue des Cannettes,

Né à Paris en 1807; élève de Maujaize.

305. — Un Drame se prépare. Scène familière.

LENOIR (Alexandre-Albert),

2, rue Monsieur-le-Prince,
Élève de Debret.

306. — Le roi saint Louis fait déposer dans la Sainte-Chapelle de Paris, les reliques apportées d'Orient le dimanche de Quasimodo, XXVe jour d'avril M.C.C. XLVIII.

(Les figures de ce tableau sont de Jules Laure.)

LENOIR (Marie-Alexandre), ※,

Né à Paris, le 26 décembre 1761; élève de Doyen; fondateur du musée historique des monuments français, mort le 10 juin 1839; chevalier de la Légion-d'Honneur et de l'Éperon-d'Or de Rome.

307. — Tête de Femme.

D'après un tableau de Titien qui se trouvait dans l'ancienne galerie d'Orléans.

(A M. Albert Lenoir.)

LÉPAULLE (François-Gabriel),

27, rue des Martyrs.

Né à Versailles en 1804; élève de Regnault, Horace Vernet et Bertin, première exposition 1824, médaille 1831.

308. — La Sultane Nourmahal. (Salon de 1847.)

LEULLIER (Félix).

309. — Chrétiens livrés aux bêtes. (S. 1839.)

« Grande fête au colysée de Rome sous l'Empereur Domitien, l'an 90
» de J.-C. Il y eut ce jour là dans l'enceinte 700 bêtes, telles que :
» éléphans, hippopotames, rhénocéros, lions, lionnes, tigres,
» panthères, hyènes, ours, chevaux sauvages, dromadaires, ga-
» zelles, autruches, etc., des gladiateurs, des prisonniers gaulois,
» et surtout des chrétiens, qui tous périrent aux applaudissements
» de cent mille spectateurs. »

(Crevier, Hisioire des Empereurs).

LOUTHERBOURG, ou mieux LUTHERBURG
(Philippe-Jacques),

Peintre et graveur, né à Strasbourg le 31 octobre 1740, mort à Londres en 1813; élève de Tischbein et de Casanova; académicien, 22 août 1767.

310. — Paysage. Un Femme, monté sur un cheval brun, cause avec un Pâtre.   ovale. b.

(A M. Jousselin.)

MAES (Nicolas).

Né a Dordrecht en 1632, mort en 1693; élève de Rambrandt.

311. — Un Magistrat.   (Signé : Maes, 1669.) b.

(A M***.)

MAITRE INCONNU.

312. — Portrait. Un Musicien hollandais.

(A M. Picot.)

313. — Portrait. Un Magistrat.

(A M. Picot.)

314. — Jacques Torelli.

Architecte et décorateur, né en 1608, mort en 1678. Faits rappelés par une petite notice manuscrite, collée à l'angle gauche du tableau.
(École Italienne.)

(A M. le baron Taylor.)

315. — Un Tambour espagnol.
(École de Ribera.)

(A M. Lenormant.)

MAITRE INCONNU.

316. — La Madeleine repentante.
> (Ecole du Guide.)
>> (A M. Huvé.)

317. — Saint Jean.
> (École française du XVIIIe siècle ?)
>> (A M. Huvé.)

318. L'Acteur Caillot.
> (Ecole française au XVIIIe siècle.)
>> (A M. le baron Taylor.)

319. — Marine.
>> (A M. J. Joyant.)

320. — Paysage.
>> (A M. J. Joyant,)

321. — Martyre de saint Pierre.
Petite esquisse du tabeau de P. P. Rubens qui est à Cologne.
>> (A M. Abel de Pujol.)

322. — Sujet inconnu.
> (Ecole vénitienne.)
>> (A M. Eudes Michel).

MARILHAT (Prosper),

Né en 1814; étudia quelque temps Camille Roqueplan, médaille 1835.

323. — Un Café du Caire. (Signé : P. Marilhat, 1827.)
>> (A M. Goffin,)

MICHEL.

324. — Un arc-en-ciel, paysage.
>> (A M. ***.)

PEINTURE.

MOLNAER, (Corneille, dit el Louche)

Né à Anvers vers 1540 ; élève de son père.

325. — Le Benedicite.   b.

Signé, dans la traverse de la table : Molenaer.

(A M. Huvé.)

326. — La Taverne.   b.

Signé, dans le ventre du tonneau : Molenaer.

(A M. Huvé.)

(Le Louvre n'a aucun tableau de Molenaer.)

MULLER (Charles-Louis), ✻ ✻,

66, rue de la Victoire,

né à Paris le 22 décembre 1815 ; élève de son père, peintre en miniature, et de Gros. Première exposition 1836.

327. — Les Effets et les Causes.

(Sujet tiré de Candide.)

(A M. Gache.)

NATTIER (Jean-Marc),

Né le 17 mars 1685, à Paris, mort le 7 novembre 1766 ; fils de M. Nattier, peintre de portraits, et de Marie Courtois, peintre de miniature ; beau-père de Tocque ; filleul de Jouvenet, académicien le 28 octobre 1718 ; adjoint à professeur, 26 mars 1746 ; professeur, 29 mai 1752.

(École française.)

328. — La Rosa Alba, peintre de pastels.

(A M. Eude Michel.)

PEINTURE.

OMMEGANK (Balthazar-Paul),

Né à Anvers en 1755, mort dans la même ville, le 18 janvier 1826 ; chevalier de l'ordre du Lion belge, membre de l'Institut royal des Pays-Bas.

329. — Paysage. b.

(Signé : L.-P. Ommegank, R. 1846.)
(A M.***.)

PAPETY (Dominique),

Né à Marseille, mort en 1849 ; premier prix,

330. — Une Odalisque.

(A M. Courtépée.)

PARIS (Joseph-François),

33, rue de l'Entrepôt.

331. — Paysage avec animaux.

PARROCEL (Joseph),

Né à Brignole en 1648, mort à Paris le 1er mars 1704 ; élève de Bourguignon ; académicien, 14 novembre 1676 ; consciller, 28 septembre 1703.

332. — Une Bataille.

(A M. Usanne.)

PASCAL (Antoine),

Né à Mâcon en 1808.

333. — Fruits et Fleurs.

334. — Vue prise à l'Epine. Forêt de Fontainebleau.

335. — Un Terrain dans la forêt de Fontainebleau.

PEINTURE.

PATEL (Bernard ou Pierre), le Père,

Né en 1654; tué en duel en 1703.

336. — Paysage avec Architecture.

(A. M. Jousselin).

PETIT (Jean-Louis),

193, rue de Vaugirard,

Né à Paris le 10 novembre 1797; élève de Regnault; première exposition, 1822; médaille, 1834.

337. — Marine.

(Ecoles florentine et romaine).

PIGAL (Edmond-Jean),

23, rue de Rocroi, faubourg Poissonnière,

Né à Paris en 1794; médaille, 1834.

338. — Chanteurs ambulants. S. 1850

(Au Ministère de l'Intérieur).

PILS (Isidore),

1, place de la barrière Montmartre,

(Voir le n° 158.)

339. — La Mère Saint Prosper, sœur de charité à l'hôpital Saint-Louis, morte le 30 août 1846, exposée dans sa Cellule. Les malades de l'hôpital et les pauvres viennent prier au pied de son lit. S. 1850

(Au Ministère de l'Intérieur.)

PORION (Charles).

340. — Les Ivrognes, d'après Vélazquez.

(Los Borrachos).

(L'original est au musée del rey à Madrid, sous le n° 138.)

(Au Ministère de l'Intérieur.)

341. — Reddition de Bréda, d'après Vélazquez. Le marquis de Spinola et le marquis de Leganes commandant l'armée espagnole, reçoivent du général flamand, gouverneur de Bréda, les clefs de la place. La dernière figure à droite du spectateur est le portrait de Vélazquez.

L'original est au musé del rey à Madrid, sous le n° 319.

POUSSIN.
(V. le N° 104.)

342. — Le Printemps.

(A M. Huvé.)

343. — L'Été.

(A M. Huvé.)

344. — L'Automne.

(A M. Huvé.)

345. — L'Hiver.

(A M. Huvé.)

POUSSIN (Copie d'après).

346. Testament d'Endamidas de Corinthe.

Le tableau original très connu par la gravure, est perdu. Cette copie selon toute apparence contemporaine, offre donc le plus grand intérêt.

(A M. F. de Mercey.)

PEINTURE

RAPHAEL (Raphaello-Sanzio),

Peintre, sculpteur, architecte, né à Urbin, le vendredi-saint, en 1483, mort en 1520, le vendredi-saint. (École romaine); élève de son père, Giovonni Santi ou Sanzio, et du Pérugin.

347. — La Vierge et les deux Enfants. b.

Ce tableau dont Vasari fait mention, comme l'ayant vu dans la sacristie de la cathédrale de Sienne, est aussi relaté dans l'ouvrage de Lange, en termes qui concordent avec l'inscription suivante en vieux langage toscan, que l'on peut lire au revers du panneau:

> « *Questo quadro e di mano di Raffaello di Urbino, il quale*
> » *essendo andato a roma chiamato dal papa Guilio II, lo*
> » *lascio a me Ridolfo Ghirlandajo per finir li : il panno*
> » *azuzro e la mano della vergine siome o fatto contro mia*
> » *volonta ma solo per servir lo per essere mio grande*
> » *amico.* »

Il ressort de cette inscription, que ce tableau fut terminé par Ridolfo Corradi del Ghirlandajo, né à Florence en 1485, mort en 1560, fils de Domenico Corradi del Ghirlandajo, peintre, orfèvre et mosaïste, élève de son oncle David Corradi del Ghirlandajo, et de Fra Bartolommeo della Porta.

(A M. le général Cubières.)

REMBRANDT.

(Voir N° 54.)

348. — Portrait d'Homme. Sa tête est couverte d'une toque noire. b.

(A M. Huvé).

RICOIS (François-Edme),

5, quai Voltaire.

Né à Courtallin (Eure-et-Loir), en 1795; élève de Bertin; première exposition 1819, médaille 1824, 1825.

349. — Vue du Pont-Neuf (clair de lune).

PEINTURE.

RIESENER (Louis-Antoine-Léon),
1, rue Bayard (Champs-Elysées).

350. — Clytie changée en Héliotrope. S. 1842.

351. — Une jeune Fille et l'Amour.
Cadre ovale.

352. — Jeune Turc.
(A Mme Cavé.)

RIGAUD (Hyacinthe),

Né à Perpignan, le 25 juillet 1659, mort à Paris le 29 décembre 1743; élève de Pezet, Verdier et Ranc de Montpellier; premier grand prix, 1682; académicien, 2 janvier 1700; adjoint à professeur, 24 juillet 1702; professeur, 27 septembre 1710; adjoint à recteur, 10 janvier 1733; recteur, 28 novembre 1733; chevalier de Saint-Michel, 1727.

(École française).

353. — Boileau-Despréaux.   haut. 0,80; larg. 0,64.
Cadre ovale.

(Gravé par P. Drevet et par P. Savart, 1769.)
(A M. le marquis de Pastoret, de l'Institut.)

ROBERT (Hubert),

Né en 1733, mort en 1808, le 14 avril; élève de F.-P. Pannini; académicien le 26 juillet 1766, conseiller le 31 juillet 1784.

354. — Environs de Rome. Une fontaine placée à l'angle gauche du tableau, porte une inscription latine dont voici le sens en abrégé : H. Robert fit cette fontaine à Rome, en 1786.

355. — La Cascade.

PEINTURE.

356. — Le Jet d'eau.

357. — La Colonnade.

(Ces quatre tableaux appartiennent à M. le marquis de Pastoret. Ils ont figuré, selon toute apparence, à la vente Boisset. s figures sont probablement de F. Boucher.)

358. — Paysage.

(A M. Havé.)

359. — La Promenade au parc.

(A M. Havé.)

ROBERT (Léopold),

Né le 11 mai 1794, à la Chaux-de-Fonds (canton de Neufchâtel); se tue à Venise le 19 mars 1831 ; second grand prix, 1814 ; élève de David ; première exposition, 1822 ; médaille, 1822 ; décoré, 1831.

(École française.)

360. — Une Mère pleurant sur le corps de sa jeune fille.   S. 1827.

Commandé par F. Gérard, comme le prouvent les lettres de ce peintre célèbre et les réponses de L. Robert, mises au jour par M. Lenormant (de l'Institut), dans sa biographie de F. Gérard, Paris, 1846.

(Signé : L. Robert. Rome, 1826.)

(A M. Henri Gérard.)

361. — Pâtres de l'Apennin, soignant une chèvre blessée.   S. 1824.

Commandé par F. Gérard, ainsi que le prouvent les documents réunis par M. Lenormant. (V. p. h. note du n°   .)

(Signé : L. Robert. Rome, 1824).

(A M. Odiot.)

PEINTURE.

ROEHN (Adolphe-Eugène-Gabriel),

Né à Paris le 5 mars 1780; première exposition, 1800; second prix au concours ouvert pour le meilleur tableau représentant la bataille d'Eylau; médaille, 1819.

362. — L'Atelier de Téniers. Parmi les visiteurs on remarque le peintre Wouvermans et don Juan d'Autriche. S. 1840.

363. — Politique et vieux Souliers.

ROEHN (Jean-Alphonse), ✻,

17, quai Voltaire,

Né à Paris en 1799; élève de Regnault et Gros; médaille, 1827; décoré, 1832.

364. — La Lecture intéressante. S. 1850.

ROSSIGNON (Louis-Joseph-Toussaint),

Paris, rue des Martyrs, 44,

Né à Avesnes (Nord), le 31 octobre 1786; élève de Vincent; méd. 1827.

365. — Les Adieux de Louis XVI.

ROUGET (Georges), ✻,

4, rue du Marché-Saint-Honoré,

Élève de David, second grand prix, 1803; médaille, 1814, 1817; décoré, 1822.

366. — Sommeil maternel. S. 1845.

367. — Marie Stuart.

368. — Deux Têtes d'Enfants.

369. — Henri IV et se Eenfants. S. 1850.

SABLET (Jacob-Henri),

Né à Morges, canton de Berne, en 1751; élève de Dubois et Cochers, peintres-décorateurs à Lyon, et de Vien, mort en 1805.

370. — Le peintre Danloux dans son atelier.

Signé. J. Sablet, Rome, 1788.

(A M***.)

371. — Dessinateur en pleine campagne.

(A M***.)

SCHALL.

372. — L'Écrin. b.

(A M. Prudhomme.

SCHNETZ (Jean-Victor), O. ✻,

Né à Versailles le 14 avril 1787; second grand prix, 1816; médaille, 1819; membre de l'Institut, 1837; directeur de l'Académie de Rome,   ; décoré, 1825.

373. — Jérémie pleurant sur les ruines de Jérusalem.

S. 1819.

SCHOPIN (Henry-Frédéric),

Né à Lubeck en 1804; élève de son père, sculpteur, et de Gros; second grand prix, 1830; premier grand prix de Rome, 1831; première exposition; 1835; médaille, 1835.

374. — Le Dix-huit brumaire.

375. — Le Divorce de Napoléon.

SERRUR (Calixte),

Né à Lambersart, près Lille, en 1797; élève de Regnault; a obtenu plusieurs médailles.

376. — Le mauvais Riche, d'après Bonifazio.

L'original est à Venise.

(A l'école des Beaux-Arts.)

SOLARI.

377. — Tête de Vierge, *Mater Dolorosa*. b.

(A M. Jousselin.)

TAUNAY (Nicolas-Antoine),

Né en 1755, mort à Paris en mars 1830; élève de Brenet et de Casanova, membre de l'Institut 1795, chevalier de la Légion-d'Honneur.

378. — Bataille d'Ivry.

(A M. Prud'homme.)

TEMPESTA (Antonio),

Né à Florence en 1555, mort à Rome en 1630; élève de J. Stradan et de Santo Titi.

(Éc. Florentine.)

379. — Bataille au moyen-âge.

(Voir le N° 201.)

(A M. le général Cubières.)

380. — Bataille au moyen-âge.

(Voir le N° 201.)

(A M. le général Cubières.)

TENIERS,
(Voir le N° 61.)

381. — Concert d'Ivrognes.

Signé du monogramme :

(A M. Huvé.)

THEOTOCOPULI (Dominico), dit le Greco,

Peintre, sculpteur, architecte et écrivain; né en Grèce; mort à Tolède en 1625, à 77 ans; élève du Titien.

382. — Sainte Famille.

THIBAUT (Jean-Thomas),

Peintre et architecte; né à Montiérender (Haute-Marne), le 20 novembre 1757, mort le 27 juin 1826; élève de Boullée et Paris; membre de l'Institut; professeur à l'école des Beaux-Arts.

383. — Vue des Environs de Rome.

(A M. Fromentin.)

TIEPOLO (Giovanni Battista),
(Voir le n° 5.)

(Ecole Vénitienne.)

384. — Une Sortie de bal masqué.

(A M. Duclos.)

TITIEN (Tiziano Vecellio dit le),

Né au petit château de Cadore sur la Piave en 1477; mort de la peste, le 27 août 1576; élève de Sebastiano Zuccato, maître mosaïste, puis de Gentil Bellino et de Giovanni Bellino.

(Ecole Vénitienne.)

385. — La Charité.

Voir le n° 201.)

Terminé par le chevalier Libéri de Padoue, né en 1605, mort en 1687.

(Appartient à M. le général Cubières.)

TOCQUÉ (Louis),

Né en 1695, mort le 10 février 1772; élève de Nicolas Bertin et de Nattier, dont il devint le gendre; académicien, 30 janvier 1734; conseiller, 31 janvier 1744.

(Ecole Française.)

386. — La Reine Marie Leczinka, femme de Louis XV.
haut. 0,65 ; larg. 0,50.

(A M. Eude Michel.)

VALLOU DE VILLENEUVE (Julien),

Né en 1795, élève de Garnerey et Millet, médaille 1833.

387. — Jeune fille Romaine donnant à manger à une chèvre.

388. — L'Amour sur les Toîts.

VANDER BURCH (Jacques-Hippolyte),

44, avenue de la Santé (Petit-Montrouge),

Né à Paris   , médaille 1840.

389. — Chaumière et Moulin à eau près de Saint-Maurice (Beauce).

(S. de 1850.)

390. — Pointe de l'île du Moulin-Joli à Bezons, soleil couchant.   S. 1850.

391. — La Cabane des Bûcherons; intérieur du parc de M. le comte d'Ons-en-Bray, à Pacy-sur-Eure. S. 1850.

VANDERMEULEN (Antoine-François),

Né à Bruxelles en 1634, vivait encore en 1693; élève de P. Sneyers.

392. — Une Bataille.

(A M. Usanne.)

VANLOO (André-Carle),

Né à Nice le 23 février 1705, mort à Paris le 15 juillet 1765; petit-fils de J. Vanloo, fils de Louis; élève de Benedetto Lutti; grand prix, 1724; chevalier romain, 1735; académicien, 30 juillet 1735; adjoint à professeur, 7 juillet 1736; professeur, 2 juillet 1727; adjoint à recteur 29 mai 1752; recteur, 6 juillet 1754; directeur, 25 juin 1763; directeur de l'école royale des élèves protégés, 1769; chevalier de Saint-Michel, 1751; premier peintre du roi, 1762.

393. — Portrait du père de Mme Ledoux, élève de Greuze. Signé : Carle Vanloo, 1730.

(A M. **.)

394. — Gaspard Duchange, graveur du roi Louis XV.

(Gravé par N. Dupuis, dans le recueil d'Odienore.)

(A M. Eude Michel.)

VELAZQUEZ,

(Voir le n° 37.)

395. — Fruits.

(A M. Duclos.)

396. — L'Infante Marguerite-Thérèse, fille de Philippe IV et de Marie Anne-d'Autriche, née le 12 juillet 1651.

(Ancienne collection du duc de Buckingham.)

(A M. Roëhn,)

VIARDOT (Léon).

Élève d'Ary Scheffer; première exposition, 1836; médaille, 1836; frère de l'écrivain.

397. — Le roi Lear.

VINCENT (François-André),

Né à Paris le 30 décembre 1746, mort le 4 août 1816; élève de son père Elie Vincent et de Vien; académicien le 27 avril 1782; adjoint à professeur le 24 septembre 1785; professeur le 7 juillet 1792; membre de l'Institut, 1795; professeur à l'école des Beaux-Arts; chevalier de la Légion d'Honneur.

398. — Portait de Madame de Lavalette morte sur l'échafaud pendant la terreur.

Signé : Vincent, 1793.

VLIEGER (Simon),

Peintre et graveur; né à Amsterdam en 1612.

(Ecole Hollandaise.)

399. Marine. Marée montante. b.

Signé : S. de Vlieger.

(A M. Jousselin.)

MARINES,

Par Théodore GUDIN.

400. — Louis de France, fils de Philippe-Auguste, appelé au trône par les barons anglais, débarque dans l'île de Thanot, 1216.

401. — Le duc d'Orléans (Louis XII), force don Frédéric de se retirer, et débarque ses troupes à à Rapallo, en 1494.   Octogone.

402. — Combat devant Orbitello, 1646.

Le paysage représente la baie et la ville de Pausilippe, près de Naples.

403. — Le duc de Beaufort, secondé par le commandant Paul, s'empare de Gigéri, 1664.

404. — Le 20 décembre 1676, le comte d'Estrées reprend l'île de Cayenne sur les troupes des états-généraux.

405. —. Le comte d'Estrées bat la flotte hollandaise dans le port de Tabago, 1677.

406. — Le comte d'Estrées s'empare de l'île de Tabago, 1677.

407. — Soumission de Tunis, 1685.

408. — Jean Bart sort du port de Dunkerque avec son escadre à travers une flotte anglaise, 1691.

409. — La flotte anglaise est repoussée devant Brest, 19 juillet 1694.

PEINTURE.

410. — Quatre vaisseaux français dispersent une flotte anglaise, 1697.

411. — Le chevalier Du Quêne-Monnier s'empare d'Aquilée, 1703.

412. — Le capitaine de vaisseau Renaud, avec les frégates *la Prudente, la Cybèle* et *le Coureur*, attaque deux vaisseaux de ligne anglais et les force à lever leur croisière, qui causait un grand préjudice à la colonie de l'île de France, 22 octobre 1794.

413. — La frégate *la Preneuse*, capitaine Lhermite, poursuivie par le vaisseau anglais *le Jupiter* de cinquante canons, le met hors de combat, 9 octobre 1798.

414. — Quatrième et cinquième combats de la frégate *la Loire*, capitaine Segond. La frégate est contrainte de se rendre après cinq combats acharnés contre des forces supérieures, 16 septembre, 23 octobre 1798.

415. — *La Psyché*, frégate française

416. — Belle défense du navire *la Psyché* contre la frégate anglaise *le San Fiorenzo*, 1805.

417. — Destruction des établissements anglais de la Dominique, commandée par le contre-amiral de Misiceny, par l'escadre française, le 22 février 1805.

PEINTURE.

418. — Prise à l'abordage de la frégate anglaise *la Cléopâtre*, par la frégate *la Ville de Milan*, 1805.

419. — Le vaisseau *le Foudroyant*, attaqué par une division anglaise, relâche à la Havane, 1806.

420. — Combat de la frégate *la Poursuivante* contre le vaisseau *l'Hercule*, 1803.

421. — Combat du *Palinure* contre la *Carnation*. 1808.

422. — Le Brick *le Cygne*, capitaine Menouvrier de Fresne, attaqué près de Saint-Pierre-Martinique, par une division anglaise de 2 frégates, 3 bricks et 7 péniches, s'en fait abandonner après une héroïque et meurtrière résistance. 12 décembre 1808.

423. — La frégate *le Niémen*, capitaine Dupotet, combat avec avantage la frégate anglaise *Améthyste*, et va la réduire, lorsque celle-ci est secourue par *l'Arethusa*. *Le Niémen* se rend après avoir dignement soutenu l'honneur du pavillon. 5 et 6 avril 1809.

424. — Prise de *la Proserpine* devant Toulon. 1809.

425. — Combat du brick *l'Abeille* contre le brick *l'Alacrity*. 1811.

426. — Vue prise en Algérie. — Coup de vent à Sidi Feruch, le 16 juin 1830.   S. 1831.
Ancienne collection Perregaux.

427. — Marine.

428. — Marine.

Dessins.

BERGERET (Pierre-Nolasque),
44, rue de Cléry,

Né à Bordeaux; élève de David; médaille, 1808; grand prix du gouvernement en 1806, pour un tableau représentant les honneurs funèbres rendus à Raphaël.

429. — Anne de Boulen, femme de Henri VIII, ro d'Angleterre, apprenant sa condamnation à mort. S. 1850.

D'après le tableau qui parut au salon de 1814.

430. — La Charité. S. 1850.

BIDA (Alexandre).

431. — Scène du Choléra, au Caire. S. 1850.

(Au Ministère de l'Intérieur.)

BOUCHET (Gabriel),

Élève de David; pensionnaire de France à Rome.

432. — Isabey père.

(A M. Bouchet fils.)

BRUANDET (Éléazar),

Mort en 1803.

433. — Vue prise au Bois de Boulogne (*gouache*).
Signé : L. Bruandet, 1793.

CALLOT (Jacques),

Peintre et graveur; né à Nancy en 1593, mort dans la même ville, en 1635; élève de Claude Henriet, de Canta Gallina, de J. Parigi et de Ph. Thomassin.

434. — Portrait de Callot, par lui-même (*plume et sanguine*).

(A M. le marquis de Pastoret.)

435. — Deux Gueux se chauffant (*plume, lavé*).

436. — Saint Pierre (*plume, lavé*).

Ces deux dessins sont renfermés dans le même cadre.

(A M. le baron Taylor.)

CASSAS (L.-F.),

Peintre et architecte; né à Azay-le-Féron (Indre-et-Loire), en 1756, mort en 1827; élève de Vien et de Lagrenée jeune; 1816, inspecteur des Gobelins; professeur de dessin à la manufacture.
(École française.)

437. — Vue d'Orient (*aquarelle*).   h. 0,35; l. 0,45.

(A M. Alb. Lenoir.)

CAREY (Charles),

45, rue de Sèvres.

438. — Porte en ruine, souvenir de Turquie; d'après Decamps.

439. — Villa Pamphili, d'après Marilhat.   S. 1850.

CATTREMOLE.
Artiste Anglais contemporain.

440. — Tombeaux (*aquarelle*).

CHATILLON,
49, rue Monsieur-le-Prince,

Second grand prix; 1803, 1804, premier grand prix de Rome, 1804.

441. — Façade postérieure du palais Farnèze à Rome, côté du Tibre.

COGNIET (Léon), ✳,

Né à Paris le 29 août 1794; élève de Guérin; second prix de peinture. 1815; premier prix, 1817; médaille, 1824; décoré, 1827.

442. — Métabus (composition à la sépia, pour le tableau qui valut à Cogniet le premier grand prix de Rome).

(A M. Alaux.)

443. — Nisus et Euryale (*sépia*).

(A M. Alaux.)

CONEY (J.),

Artiste anglais, connu principalement par un grand ouvrage intitulé : *Cathedrals.... of France*, etc., publié sous la Restauration.

444. — Intérieur d'une Cathédrale.

Signé : J. Coney, 1819.

DAGUERRE (Louis-Jacques-Mandé),

Né à Cormeilles en Parisis (Seine-et-Oise) le 14 novembre 1787, mort à Saint-Mandé en 1851; élève de Degotti, décorateur de l'Opéra; 1822, fondateur du Diorama; 1824, décoré; nommé officier de la Légion-d'Honneur après la découverte du Daguerréotype.

445. — Le Déluge (dessin pour le Diorama). Fixé.

446. — Marine. Fixé.

447. — Ruines. Fixé.

448. — Une Ferme.   Signé : Daguerre.

DAVID (J.-L.).

V. le N° 225.)

449. — Mort des Fils de Brutus (composition pour le tableau qui est au Musée).

(A M. Walferdin.)

DELAROCHE (Paul), O. ✻,

Né à Paris en 1797; élève de Gros; première exposition, 1822; médaille, 1824; décoré, 1834; membre de l'Institut, 1832.

450. — Portrait de M. Laborde (mine de plomb).

(A M. ***.)

DEMOUTIER ou DUMOUTIER (Gabriel).

Plusieurs des portraits aux trois crayons qui suivent, ont été attribués également à d'autres artistes du même nom et à Lagneau.

451. — Georges d'Amboise, cardinal et ministre d'État sous Louis XII.

(A M. de la Vrillière, secrétaire d'État.)

452. — Le prince d'Épinoy, 1628.

453. — Portrait de Femme, par DANIEL DUMOUTIER.

454. — Portrait d'Homme.

455. — Portrait de Femme, par DANIEL DUMOUTIER.

DESPORTES (ALEXANDRE-FRANÇOIS),

Né à Champigneulle, en Champagne, en 1661, mort à Paris le 24 août 1743 ; élève de Nicasuis.

456. — Jeune Gentilhomme assis. Il tient d'une main un fusil. Crayon noir et blanc, sur papier bleu.

DURER (ALBERT).

Peintre, sculpteur, architecte, graveur sur cuivre et sur bois ; inventeur, selon quelques auteurs, de la gravure à l'eau forte ; né à Nuremberg en 1471, mort à Nuremberg en 1528 ; élève de Hups-Martin et de Michel Wolgemuth ; peintre de la cour impériale.

(École allemande.)

457. — Sainte en costume très riche, avec couronne et gloire, palme à la main. Signé du monogramme (*plume*).

458. — Archer prêt à lancer sa flèche : Signé du monogramme et daté 1519 (*plume*).

459. — Tête de Jeune Garçon. Signé du monogramme et daté 1508. Rehaussé de blanc sur papier vert.

460. — Cadre contenant : 1° Tête de Femme, plume. Signé du monogramme, daté 1521. — 2° Tête d'Homme (*plume*), Signé du monogramme.

FLACHERON.

461. — Cadre contenant :
 1° L'Arc des Orfèvres.   Photographie.
 2° La Base de la Colonne Trajane.   Photographie.
(A M. Fréchot.)

462. — Cadre contenant :
 1° Temple de Vesta.   Photographie
(A M. Fréchot.)
 2° Temple de la Fortune virile.
(A M. Fréchot.)

FRAGONARD.
(Voir le N° 88.)

463. — La Récompense.   (Signé : FRAGONARD.)
(A M***.)

464. — Le Travail
(A M***.)

465. — Le Berceau (*sépia*).
(A M. Walferdin.)

466. — Satyre lutiné par des Amours.
(A M. Walferdin.)

467. — Paysage (*sanguine*). (Signé : Frago.)
(A M. Walferdin.)

468. — Temps orageux paysage).
(A M. Walferdin.)

469. — Taureau (*sépia*).
(A M. Walferdin.)

470. — La Romance (*sépia*).
(A M. Duclos.)

FRANK.

471. — Le Parmesan surpris par les Sbires qui s'arrêtent à la vue de son Tableau représentant la Vierge et l'Enfant Jésus.
Gravure au burin d'après Van Eycken.

GÉNIOLE (Alfred).
(V. le N° 259.)

472. — La Manola et l'Aveugle (*aquarelle*).
473. — Les Aveugles chanteurs (*aquarelle*).
474. — Femme espagnole, d'après R. Mengs (*aquarelle*).

GÉRARD (François),
(V. N° 266,)

975. — Cadre contenant deux Esquisses, l'une peinte, l'autre dessinée pour un tableau qui a été

détruit et qui avait pour sujet : *Le Jugement de Pâris*.

(A M. Henri Gérard.)

476. — Portrait de Femme (*crayon rouge et noir*), fait vers 1828.

(A M. Henri Gérard.)

477. — Portrait du plus jeune Frère de Gérard, dessiné vers 1795 (médaillon).

(A M. Henri Gérard.)

478. — Joséphine de Beauharnais, femme du premier Consul Bonaparte, dessiné vers 1802, médaillon.

(A M. Henri Gérard.)

479. — Sainte. Signature autographe rapportée.

(A M. Henri Gérard.)

480. — Cadre renfermant cinq Études :

1° Femme nue, étude pour l'un des pendentifs du Panthéon, la Mort. Éxécuté en 1834.

2°, 3°, 4°, Études pour la mort de Patrocle, tableau laissé inachevé.

5° L'Été, étude pour les Quatre Saisons, compositions éxécutées d'après les dessins de Gérard au château de Saint-Ouen, chez Mme la Comtesse de Cayla.

(A M. Henri Gérard.)

DESSINS.

481. — Variante de la composition de la Mort de Patrocle.

> Signature autographe rapportée (*sépia*).
>
> (A M. Henri Gérard.)

482. — La Mort de César.

> (A M. Henri Gérard.)

483. — Portrait de madame Bazin,

> Dessiné vers 1795, à l'encre de chine.
>
> (A M. Charles Bazin.)

484. — Dessin pour l'Été, attribué à GÉRARD.

> (Voir le n° 480.)

GINAIN (EUGÈNE).

485. — Un Combat en Algérie (*aquarelle*).

GIRARD,
37, avenue Montaigne, cité Soleil, Champs-Elysées.

486. — Offrande au dieu Pan (*aquarelle*.

GUÉRIN (JEAN-BAPTISTE-PAULIN),
Né à Toulon, le 25 mars 1783; élève de Vincent et de Gérard, ✳ 1822

487. — Bélisaire (*mine de plomb*).

> (A M. Alaux.)

488. — Première pensée du Tableau de Céphale et l'Aurore (*mine de plomb, rehaussée de blanc*.

(A M. Alaux.)

GODEFROID (Mlle).

489. — F. Gérard (*mine de plomb, rehaussée de blanc*).

(A M. Henri Gérard.)

GREUZE (J.-B.).

490. — Tête d'Enfant (*crayon rouge*).

(A M. Fréchot.)

HAGHE,

Né à Tournay.

491. — Paysage (*pastel*),

(A M. Justin Ouvrié.)

492. — La Prise de Jérusalem, lithographié d'après Roberts.

HENNEQUIN (Philippe-Auguste),

Né à Lyon en 1763, mort à Leuze près Tournay, le 12 mai 1833 ; élève de J.-L. David.

493. — Allégorie.

Un Homme portant un bouclier sur lequel sont écrits ces mots : « *Je marche avec la loi, vos perfides coups deviennent impuissants* », est attaqué avec fureur par trois hommes armés. Derrière lui, une Déesse porte une table de la loi sur laquelle on lit : *les houmes naissent et meurent libres et égaux* (sic) *en droits*.

Plume et bistre.   Signé : Ph.-Aug. Hennequin.

(A M. le baron Taylor.)

DESSINS.

ISABEY père (Jean-Baptiste), O. ✱,

Elève de David.

494. — Mme S***. ovale.

(A M. Jules Bouchet).

495. — Charge de Nourrit père, dans le rôle de Colin, du Devin du Village (*aquarelle*).

(A M. le baron Taylor, de l'Institut.)

JORANT (Jean-Baptiste-Joseph),

Né à Paris en 1788; élève de Mœnch, Pillement, Fragonard fils et Gros.

496. — Vue extérieure de l'église de Notre-Dame-du-Port, à Clermont-Ferrand (*sépia*).

(A M. le baron Taylor.)

497. — Vue extérieure de l'abside de l'église de Notre-Dame-du-Port, à Clermont-Ferrand (*sépia*).

(A M. le baron Taylor.)

LARGILLIÈRE.

(V. le N° 100.)

498. — Un Maréchal de France, revêtu de son armure, tenant à la main son bâton de maréchal (*crayon rouge, rehaussé de blanc, sur papier bleu*).

(A M. le baron Taylor.)

DESSINS.

499. — Un Jeune Seigneur (*crayon noir, rehaussé de blanc, sur papier bleu*).

(A M. le baron Taylor.)

500. — Une Dame de la Cour (*rehaussé de blanc, sur papier bleu*).

(A M. le baron Taylor).

501. — Une Dame de la Cour (*crayon rouge, rehaussé de blanc, sur papier bleu*).

(A M. le baron Taylor.)

LAMY (Eugène), ※.

502. — Foyer de la Danse, théâtre de l'Opéra.

On remarque Mlle Rachel, MM. Scribe, Th. Gautier, J. Janin, Meyerbeer.

(A M. Véron.)

LATOUR (Maurice-Quentin de),

Né à Saint-Quentin en 1705, mort le 17 février 1788 ; académicien, 24 septembre 1746 ; conseiller, 27 mars 1751 ; peintre du roi.

503. — Schmit, graveur (*pastel*).

Gravé par Schmit.

(A M***.)

504. — Dumont le Romain, peintre, académicien (*paste*).

(A M***.)

LENORMAND (Louis), ✻,

15, rue du Helder; élève de Huvé.

505. — Portail principal de l'Église Saint-Jacques, de Dieppe. S. 1841.

506. — Chapelle Ango.

507. — Vue générale et détails du Château de Meillant.

La partie flanquée de tours remonte au XIe siècle. La partie de la décoration qui regarde la cour, est l'œuvre de GIOCONDO. Situé dans le département du Cher, ce château a appartenu à Charles de Chaumont, il est depuis 1837 la propriété de M. le duc de Mortemart. — Une partie de ces études avait paru au salon de 1846.

LEQUEUTRE.

508. — Isabey père (*miniature*).

LESPINASSE, ✻,

509. = Vue générale de Toulon.
(A M. Chatillon.)

MAITRE INCONNU.

510. — La Passion (*plume, lavé*). ovale.
(Ecole allemande.)

511. — Tête de Femme (*pastel*).
(Ecole française.)
(A M. Jousselin.)

512. — Le Médaillon de Louis XVI soutenu par le mérite, la renommée et défendu par la force.
(*plume, lavé*).

513. — Portrait d'Homme (*pastel*).

514. — Ruines (*aquarelle*).
(A M. le baron Taylor.)

515. — Ruines (*aquarelle*).
(A M. le baron Taylor.)

516. — Sujet allégorique (*mine de plomb*). ovale.
(A M. le baron Taylor.)

517. — Environs de Rome (*sépia*).
(A M. le baron Taylor.)

518. — Plafond du château des Tuileries, peint par Corneille; démoli à l'époque de l'établissement de la salle du Conseil par Bonaparte (*sanguine*).

MICHALLON (Achille-Etna),

Né à Paris le 22 octobre 1796, mort dans la même ville le 24 septembre 1822; fils de Claude Michallon, statuaire; première exposition, 1812; 1817, grand prix de Rome.

519. — La Mort d'Abel (*sépia*).
(A M. Alaux.)

MOREAU (Jean-Michel, dit le jeune),

Né à Paris en 1741, mort en 1814; élève de Lelorrain et Lebas, dessinateur des Menus-Plaisirs et du cabinet de Louis XVI et de Louis XVIII; professeur aux écoles centrales; académicien.

520. — Renou, peintre du roi, académicien.
Signé : J.-M. Moreau, le jeune, 1785.
(A M. Ferdinand Valat.)

521. — Ruines dans un paysage (*gouache*).

Signé : L.-M.

NOEL (Alphonse-Léon),
13, quai Conti,

Né à Paris en 1807; élève de Gros et Hersent; médaille.

522. — Portrait de M. Chaix-d'Est-Ange, d'après M. Hippolyte Flandrin.

522 *bis*. — Vases et Orfèvreries.

(A M. Odiot.)

PERNOT (François-Alexandre), ✻,
10, rue Richepanse,

Né à Vassy en 1793; élève de Bertin; médaille, 1822; décoré, 1846.

523. — Ruines d'une Église romane, paysage.

PROUT (H.-Samuel),

Né à Plymouth en 1784, mort en Angleterre en 1852.

524. — Vue de Venise, prise en face du pont du Rialto.
Le clocher que l'on aperçoit dans le fond est celui de l'église della Salute.

(A M. Huvé.)

PRUD'HON (Pierre-Paul).

525. — Marie-Adrienne Chameroy, pastel, ovale.

Née à Paris en 1779, danseuse à l'Opéra le 19 février 1796, morte le 15 octobre 1802.

(A M. le marqu-

DESSINS.

526. — La Volupté.   Signé : PRUD'HON *delineavit*.
(V. le N°   .)

(A M. Henri Didot.)

527. — Dessin allégorique.

(A M. Fréchot.)

528. — Dessin allégorique.

(A M. Fréchot.)

529. — Académie. — Femme (*crayon noir et blanc*).

(A M. le comte de Saint-Aignan.)

RAPHAEL.
(V. le N° 347.)

530. — Le Christ et la Vierge.

(A M. Usanne.)

RIBAUT.

531. — Bas-reliefs du chœur de l'église Notre-Dame de Paris, gravure.

532. — La chûte des Rétrouvés, eau forte, d'après Rubens

SAGOT (ÉMILE).

533. — Une Rue à Tournus; au fond l'abside et le clocher de l'église principale.

534. — Vue intérieure de la cathédrale de Tournus.

DESSINS.

SOULANGE TEISSIER (Louis-Emmanuel),
Médaille

535. — Lithographie d'après Decamps.

TURPIN DE CRISSÉ (Théodore-Lancelot Comte),
✳, de l'Institut.

Né à Paris en 1781 ; élève de son père, première exposition 1806, médaille 1806, inspecteur général des Beaux-Arts, académicien 1816.

(École Française.)

536. — Intérieur du Colysée (*à la plume*).

haut, 0,47; larg. 0,65.

537. — L'Arc de Janus Quadrifons et l'Église Saint-Georges au Vélabre (*à la plume*).

haut, 0,49 ; larg 0,65.

VINCENT,
(V. le N° 398.)

538. — Le président Molé, arrêté par les factieux. Rehaussé de blanc. Dessin pour le tableau exposé au salon de 1779 et qui a orné la salle des conférences de l'ancienne chambre des députés.

(A M. A. Vincent.)

539. — Gessler : costume de théâtre.

WATTIER.

540. — Jeune Fille dessinant.

SUITE DE DESSINS

DES ÉCOLES ÉTRANGÈRES.

Tous les Dessins dont le propriétaire n'est pas nommé, appartiennent à M. le baron Taylor.

---

541. — Cadre renfermant :

1° Portrait de Francesco Arteaga ;

Dessin relevé au crayon rouge par B. Murillo ;

2° Mise au sépulcre ;

Dessin lavé par J. Jouvenet; élève de Laurent Jouvenet, son père, né à Rouen 1644, mort à Paris 5 avril 1717.

(Signé : Jovenet, Ec. junio 16 de 1683.)

3° La Vierge et le Divin Enfant apparaissant aux âmes du Purgatoire.

Gravure par Francesco Arteaga.

542. — Cadre contenant deux Dessins (*plume, lavés*) :

1° Le Roi d'Angleterre descendant de son cheval pour s'agenouiller devant un prêtre :

Par Diego Baldes.

2° La Reddition d'une Ville.

BASSAN (J. Daponte).

543. — Scène rustique. (*Sanguine*).

BIBBIENA (Ferdinando Galli, dit),

Peintre, décorateur, architecte, écrivain, né à Bibbiena en Toscane, en 1657, mort en 1743.

544. — Architecture composée. Esquisse pour un décor. *Plume et Sépia.*

CAMARON Y BONONAT (don José),

Né à Segorve en 1730, mort à Valence en 1803 ; directeur de l'Académie de San Carlos, à Valence.

545. — Saint Augustin. Crayon noir et blanc.

CANO (Alonso),

Peintre, sculpteur, architecte, né à Grenade, le 19 mars 1601, mort dans cette ville, le 5 octobre 1667 ; élève de Michel Cano, son père, pour l'architecture, de Francesco Pacheco et de Juan del Castillo pour la peinture, de Juan Martinez Montanez pour la sculpture. Peintre du roi Philippe IV en 1663. Maître de J. Nino de Guevara.
(École de Grenade).

546. — Cadre contenant deux Dessins lavés :

    1° Sainte Rose;
(Le tableau est à Grenade.)

    2° La Sainte-Trinité.
(Le tableau orne le grand-autel de Saint-Jacques.)

547. — Cadre contenant trois dessins (*plume, lavés*) :

    1° Saint Jean-Baptiste ;

    2° Baptême du Christ ;

    3° Sainte.

548. — Cadre contenant deux Dessins :

1° Assomption. *(Plume, lavé.)*

2° Même sujet.

Dessins exécutés pour des tableaux qui se trouvent dans la grande église de Grenade.

CARRACCI (ANNIBALE).

549. — Les Apôtres. *(Plume, sépia.)*

CASTILLO Y SAAVEDRA (ANTONIO DEL),

Né à Cordoue en 1603, mort dans cette ville en 1667 ; élève de son père Agustin del Castillo et de F. Zurbaran.

(Ecole de Cordoue.)

550. — Cadre contenant deux Dessins :

1° Vision de saint Antoine de Padoue.
(Plume, papier teinté.) Signé : Ant. del CASTILLO.

2° Saint Jérôme dans le désert.
(Plume, rehaussé de blanc. papier teinté.)

Signé : A. de CASTILLO.

551. — Cadre contenant :

1° Architecture composée.
(Plume, encre de Chine par Antonio del CASTILLO.)

2° Le jeune David après avoir tué Goliath.
Plume, sépia). Signé : Antonio de il CASTILLO.

DONATO ou DONATELLO,

Sculpteur et architecte ; né à Florence en 1383, mort dans la même ville le 13 décembre 1466.

552. — Mise au Sépulcre.

(A M. le baron Taylor.)

COLONNA (Enrico),

553. — Temple de Pestum.

Signé : Enrico Colonna.
(A M. Châtillon.)

CORRÈGE (d'après).

554. — Vénus et l'Amour.

(A M. Châtillon.)

ESPINOSA.

555. — Apparition du Christ (*sépia*). Rehaussé de blanc.

556. — Cadre renfermant trois Dessins : 1° sujet inconnu, papier vert; 2° un Apologiste (par Herrera); 3° la Vierge et l'Enfant Jésus (*plume, lavé*), par Murillo.

MAITRE INCONNU.
(Ecole allemande.)

557. — Sujet symbolique : deux Anges présentent l'Image de la Sainte-Face. Daté en chiffres latins, 1472. Signé : I.-V.-M. (peut-être Wolgemuth); *plume, cintré*.

DESSINS.

ÉCOLE ANGLAISE.

558. Intérieur d'une Chapelle, tombeau (*aquarelle*), attribué à CATTREMOLE.

MAITRE INCONNU.
(École espagnole.)

559. — Vision de saint Antoine de Padoue (*plume, lavé*).

560. — L'Adoration de saint Pierre d'Alcantara (*encre de Chine*).

561. — Vision de saint Augustin.

562. — Cadre contenant trois Dessins : 1° un Évangéliste (*encre de Chine*); 2° un Évangiliste (*encre de Chine*); 3° le Marchand de poules; au bas, à gauche, a° 1673 (*plume*).

563. — Un Religieux méditant, *crayon rouge, rehaussé de blanc, papier teinté*.

564. — Cadre contenant : 1° Petit saint Jean (*plume, lavé*); 2° Nativité (*plusieurs crayons*).

MAITRE INCONNU.
(École italienne.)

565. — Foire et Marché (*aqua tinta*).

566. — Scènes de Carnaval (*Aqua tinta*).

567. — Le Mystère de la Conception de la Vierge Marie.
(D'après le tableau de Murillo qui est au Louvre.)

MAITRE INCONNU.

568. — L'Albane. Entouré de Génies. *Crayon noir, rehaussé de blanc, sur papier bleu.*

N° 579 du Catalogue de Taillard. (École de Carle Maratte.)

569. — Portrait de Vélazquez dans un médaillon, avec une légende latine. *Crayon noir.*

570. — Cadre renfermant :

1° Un Religieux;

Par Carlo Maratti, élève d'Andrea Sacchi, né à Camerino 1625, mort 1713.

(Signé : CARLOS MARATE FE).

2° Dessin à la *plume, lavé;*

Par Carlo Maratti.

(Signé : CARROLUS MARATI).

MICHEL-ANGE BUONAROTTI,

Peintre, sculpteur, architecte, ingénieur et poète, né à Caprese en Toscane en 1474, mort en 1564; élève de Dominique et de David Ghirlandajo. (École Florentine.)

571. — Dieu créant le monde. *Étude.*

(A M. le comte de Saint-Aignan).

572. — Cadre contenant trois Dessins :

1° Chasse au Sanglier. *Étude. Plume;*

Par LEONARDO DE VINCI.

2° Vénus. *Sanguine;*

Par GUIDO RENI. (Voir le N° .)

3° Sujet historique. *Plume, lavé;*

Par LEONARDO DE VINCI

MURILLO (Bartolomé-Esteban),

(Voir le N° 32.)

573. — Cadre contenant :

1° Sujet de piété. La Dévotion au Sacré-Cœur. Légendes : *In odorem sœ. suavitatis.* Le divin monogramme ; *Charitas dni ntri Iesu XRI ;*

2° Un Ange montrant la Sainte-Face.

(Signé B. Morillo f. bt.

574. — Cadre contenant :

1° Sujet inconnu ;

2° La Divine Prédication ;

3° Sujet inconnu. (Signé Murillo.)

575. — Saint François. (Signé Bartolomé Murillo f.).

576. — Sujet inconnu. *Plume et Crayon rouge.*

(Signé Bartolomé Murillo f.)

577. — Cadre contenant deux Dessins de Murillo :

1° Le Christ apparaît sous la forme d'un jardinier. (Signé Morillo). *Sépia.*

2° Assomption. (Signé Morillo f.)

Dessins exécutés pour le palais de *los Cespedes.*

578. — Le Mystère de la Conception. *Plume, lavé.*

(Signé Bartholomé Murillo, 1664.)

Première pensée du tableau du Louvre.

DESSINS.

579. — Cadre contenant :

    1° Vision de saint Ferdinand.

              (Signé MORILLO. ... 1671.)

    2° Vision de saint Antoine de Padoue, à saint Pierre d'Alcantara.

580. — Cadre contenant :

    1° Une Vierge et l'Enfant Jésus. *Plume, lavé ;*

           (Signé JUAN NINO *Facie.*)

    2° Cortège royal. *Aquarelle.*

        (Probablement pour un frontispice.)

581. — Cadre contenant deux Dessins :

    1° Christ en croix. *Plume, lavé,* par J. PALMA ;

    2° Le Sauveur. *Plume, lavé,* par A. CANO ;

          (Signé AL°. C°, 1660.)

PARMESAN (FRANCESCO MAZZUOLA, dit LE).

Né à Parme en 1503, mort en 1540 ; neveu et élève de Michele et de Pier allrio Mazzuola. Se perfectionna en copiant les ouvrages du Corrège.

582. — Quatre Anges portant les instruments de la Passion.

583. — Quatre Anges portant les instruments de la Passion.

Ces dessins, rehaussés de blanc, ont été faits pour des pendentifs qui se voient à Parme. Ils ont appartenu à Gros.

        (A M. le comte de Saint-Aignan.)

PERINO (Del Vaga).

584. — Lutte de Jacob et de l'Ange.

(A M. le comte de Saint-Aignan).

PIETRE DE CORTONE (Pietro-Berettini dit).

Peintre, architecte, né à Cortone en 1596, mort à Rome en 1669; élève de Baccio, Ciarpi et d'Andrea Commodi, maître de Romanelli.
(Ecole florentine et romaine.)

585. — Sujet religieux. *Plume, lavé.*

P. POMARDI.

586. — Cascades de Terni.

(A M. Châtillon.)

REMBRANDT.

(V. le N° 54.)

587. — La Charité romaine.

RIBALTA (Francesco),

Né à Castellon de la Plana (roy de Valence), après 1551, mort à Valence, le 12 janvier 1628; maître de Ribera.
(Ecole de Valence.)

588. — Sujet religieux (*sépia*).

RIBALTA (Juan de),

Né à Valence en 1597, mort en 1628, dans le mois d'octobre, fils et élève de Francesco de Ribalta.
(Ecole de Valence.)

589. — Saint Paul écrivant ses épîtres (*sépia*).

590. — Apparition du Christ aux âmes du Purgatoire (*plume, lavé*).

ROMANELLI (Giovanni-Francesco),

Né à Viterbe en 1617, mort en 1662; élève de Pietre de Cortone.
(Ecole romaine.)

591. — L'Assomption (*plume, lavé*), dessin pour un plafond.

592. — Le Couronnement d'épines (*plume, lavé, cintré*),

593. — Sujet allégorique (*encre de Chine, cintré*).

594. — Le roi d'Espagne, descendant de son carrosse pour adorer le saint Viatique (*encre de Chine, cintré*).

595. — Cadre contenant deux Dessins (*plume, lavés*) :

    1° Un Saint, décoré des ornements royaux, par Romulo.

    2° Un Ecce Homo, par A. Cano.

SCHOEN (Martin) ou Schoenhaer, surnommé le Beau Martin,

Né à Culmbach en 1420, mort à Colmar en 1486; orfèvre, peintre, graveur; selon quelques auteurs, inventeur de la gravure au burin. Maître inconnu.
(Ecole allemande.)

596. — Deux Anges supportant dans les airs le Saint-Sacrement. *Plume, rehaussé de blanc, sur papier teinté.*

DESSINS.

SOLIMÈNE (Francesco-Solimena) dit l'Abbate Ciccio.

Né à Nocera di Pagani, dans le territoire de Naples en 1657, mort à Naples en 1747; élève d'Angelo Solimena son père, de Francesco di Maria, et de Del Po. Étudia les ouvrages de Lanfranc, du Calabrésa de Pietre de Cortone, du Guide et de Carle Maratte.

(École napolitaine.)

597. — Descente de croix. *Plume, encre de Chine.*

598. — Cadre renfermant quatre Dessins :

   1° Martyre de saint Augustin;

   2° Assomption de saint Pierre d'Alcantara.

Ces deux dessins (*plume et lavés*) sont d'Antonio Viladomat.

   2 Un Jeune Homme (*mine de plomb*), par Velazquez.

   3° Étude (*plume*), par Berruguete. Signé : de nano de Beruget.

599. — Cadre contenant cinq Dessins, *plume, lavés* :

   1° Tête d'Homme de Valdès;

   2° Main ;

   3° Saint Sébastien ;

   4° Deux Têtes de Vieillards ;

   5° Trois Têtes d'Hommes.

Ces quatre derniers Dessins sont d'Alonzo Cano.

VÉLAZQUEZ.
(Voir le N° 37.)

600. — Un Jeune Seigneur. *Mine de plomb.*

VILADOMAT (DON ANTONIO),

Né à Barcelone le 12 avril 1678, mort dans cette ville le 19 janvier 1755; élève de Pascal Baylon, et de B. Perranon.

601. — Cadre contenant huit Dessins :

    1° Vierge en prières ;
    2° Saint Antoine de Padoue ;
    3° La Confession ;
    4° Apparition de saint Bruno ;
    5° Saül ;
    6° Martyre de saint Judas Thadée. La Prédiction ;
    7° Un Évêque ;
    8° Sujet allégorique.

ZUCCARO (FEDERIGO),

Peintre, sculpteur, écrivain, né vers 1543, mort en 1609 ; frère de Taddeo Zuccaro. Prince de l'Académie de Saint-Luc.

(École romaine.)

602. — Portrait de F. Zuccaro par lui-même.

603. — Cadre renfermant deux Dessins :

    1° Dessin, *lavé*. Saint Luc ;

Par P. Pacheco ; élève de Luis Fernandez, maître de Vélasquez, né en 1571, mort en 1654.

    2° Dessin au *crayon rouge*. La Flagellation.

Par J. de las Roelas, dit le Clerc Roëlas, né à Séville, de 1558 à 1560, mort en 1625.

(Signé ROELAS).

---

604. — **SUITE DE DESSINS CHINOIS ET INDIENS**

(A M. le baron Taylor).

Sculpture.

CAIN (Auguste),
103, Faubourg Saint-Denis.

605. — Étude d'Ibis.
(Cire.)

606. — Étude de bécasse et de musaraigne. S. 1850.
(Cire.)

CLODION (Michel),
Né à Nancy en 1745, mort en 1814.

607. — Satyre et Bacchante.
(Terre cuite.)
(A M. Odiot.)

608. — Corbeille d'Amours.
(Terre cuite).
(A M. Odiot.)

JOUFFROY (François), ✻,
3, rue de l'Est,

Né à Dijon en 1806, élève de Ramey fils, grand prix de Rome, en 1832, membre de l'Institut.

609. — Mort de Mgr. Affre, archevêque de Paris.

MÈNE (Pierre-Jules),
7, rue du Faubourg-du-Temple,
Né le 25 mars 1810 à Paris; médaille

610. — Chien braque.
(Bronze.)

SCULPTURE.

611. — Taureau normand.
(Bronze.)

612. — Epagneul, chien pur sang.
(Bronze.)

THOMAS (EMILE),
108, quai Valmy.

Né à Paris en 1817; élève de Pradier.

613. — La Sainte Vierge.
614. — Bacchante.
(Bronze.)

TOUSSAINT (ARMAND-FRANÇOIS-CHRISTOPHE),
38, rue de Bellefonds.

Né à Paris en 1806, élève de David d'Angers, médaille

615. — Bas-reliefs.
616. — Bas-reliefs.

MÉDAILLES.

BORREL (VALENTIN-MAURICE),
2, rue d'Anjou-Dauphine),
Médaille 1842.

617. — Cadre contenant :

    1° Pie IX, *plâtre bronzé*. Deux médailles, même sujet, face et revers;
Bronze gravé à l'occasion de l'amnistie.

    2° M. L.***, *bronzé*;

    3° Mlle Mars, *plâtre*. Deux médailles, même sujet, face et revers, *bronze*;

    4° M. Coster, docteur en médecine, *plâtre bronzé*. Deux médailles, même sujet, face et revers, *bronze*;

SCULPTURE.

5° Le maréchal Bourmont, *plâtre bronzé*;
6° M. de Genoude, *plâtre bronzé*;
7° Deux médailles de l'abbé de l'Épée, face et revers;

Commandé par la Commission des monnaies, pour la collection des des hommes utiles. (Bronze).

8° Médaille en portraits superposés de MM. Edgard Quinet, Jules Michelet et Adam Mickiewitz, professeurs au collège de France, face et revers. *Bronze*.

9° Deux Jetons gravés pour l'Administration du mont-de-piété de Rouen, face et revers. *Bronze*. (S. 1848.)

618. — Cadre contenant :

Laurent et Bernard de Jussieu, *bronze*.

(Modèle pour l'exécution d'une médaille.)

ROGAT (Émile).

619. — Cadre contenant 11 médailles en *bronze* :

1° Le général Bertrand, d'après David;
2° Napoléon Bonaparte;
3° Le général en chef Bonaparte;
4° Napoléon empereur et roi;
5° Napoléon Bonaparte;
6° Même Figure;
7° Rouget de l'Isle, auteur de la Marseillaise;
8° Méhémet-Ali, vice-roi d'Égypte;
9° Cormenin;
10° Samuel Hahnemann;
11° Eusèbe Salverte, député de la Seine.

www.ingramcontent.com/pod-product-compliance
Lightning Source LLC
Chambersburg PA
CBHW070306230526
45470CB00002B/748